GUIDE-RAPIDE

AU

VAL-D'OR ÉDUEN

PREMIÈRE SÉRIE

SUR

Paray, le Hiéron et l'Exposition de Paris 1900

PAR

Jean LÉPINE-AUTHELAIN

Membre du Collège Historique du Hiéron

VENTE AU HIÉRON DE PARAY

Place La-Colombière (*Saône-et-Loire*)

GUIDE-RAPIDE

AU

VAL-D'OR ÉDUEN

GUIDE-RAPIDE

AU

VAL-D'OR ÉDUEN

PREMIÈRE SÉRIE

SUR

Paray, le Hiéron et l'Exposition de Paris 1900

PAR

Jean LÉPINE-AUTHELAIN

Membre du Collège Historique du Hiéron

EN VENTE AU HIÉRON DE PARAY

Place La-Colombière (*Saône-et-Loire*)

AUX PÈLERINS DU MONDE ENTIER

VENUS A PARAY-LE-MONIAL

en cette année de grâce

1900

PORTER L'HOMMAGE DE L'UNIVERS

A

JÉSUS, ROI DES ROIS!

PARAY A TRAVERS LES AGES

En cette année de grâce 1900, qui voit les Pèlerins du monde entier accourir au sanctuaire du Sacré-Cœur pour offrir un suprême Hommage à Jésus, Roi des Rois, il s'impose à nous de publier ce que nous savons des fastueuses traditions qui entourent l'Histoire de ce pays, comme un nimbe d'or le front d'un Bienheureux.

Et de fait, aucune ville en ce monde ne présente une origine aussi antique que celle de Paray. Seules Ninive et Babylone, si elles étaient debout, pourraient s'en déclarer contemporaines ; mais les deux premières cités du monde dorment depuis des siècles sous les décombres de leur antique Idolâtrie, tandis que Paray, demeuré fidèle à Dieu, verra dans ses murs le Triomphe de l'Agneau Roi !

L'INCENDIE DES GAULES

Les historiens qui, jusqu'à présent, ont écrit les Annales de Paray, s'accordent à dire que « ses origines se perdent dans la nuit des temps... »

C'est une façon trop négligée de nous avouer leur indifférence, sachant que Diodore de Sicile nous transmet, d'une façon nette et précise, les détails d'un événement qu'il ne nous est pas permis d'ignorer, puisqu'il nous éclaire sur l'extrême antiquité des peuples qui ont habité les contrées Charollaises.

Le grand historien nous apprend, en effet, que, environ six cents ans après le Déluge, un immense incendie ayant éclaté dans les forêts des Gaules, l'Occident apparut tout à coup en flammes aux yeux des nations épouvantées.

Allumé par la foudre au sommet des monts qui bornent l'Hispanie, au sud des Gaules, entre la Mer Intérieure et l'Atlantique, le feu gagna de proche en proche toutes les forêts qui s'embrasèrent, et le vent soufflant du Midi et poussant les flammes de montagne en montagne, amena jusqu'aux Roches Charollaises cet océan de feu.

Les peuples qui habitaient ces lointaines et sombres contrées fuyaient le fléau dévastateur en chassant devant eux des troupeaux de bœufs blancs, leur seule richesse, lorsqu'apparut devant eux un vieillard à longue barbe et revêtu d'une blanche tunique.

« — O Fils de Gomer ! s'écria-t-il, en pré-
« sence du fléau qui menace de tout anéantir,
« implorons le secours de la bonne et puissante
« Isis, jurons de lui élever ici-même une
« Pierre de Témoignage ; jurons de la vénérer,
« si elle nous sauve de la mort, dans toutes les
« contrées où les nécessités de la vie pousseront
« nos fragiles existences ! »

Docile à la voix de son Chef, tout ce peuple affolé fait retentir comme un long cri de désespoir le serment à Isis, et, en cet instant, le vent sautant à l'Ouest chassa du côté de l'Italie les flammes qui vinrent s'éteindre aux rivages du Pô.

Alors, dans l'enthousiasme que leur inspirait le prodige de leur salut inespéré, les Celtes élevèrent en cet asile « Romay », aux portes de Paray, la Pierre de Témoignage qui devait perpétuer jusqu'à la fin des temps, leur immortelle reconnaissance.

Tel est le grand fait historique auquel notre ville doit son nom : Par, PIERRE ; Ed, FEU, ainsi que les montagnes du Nord de l'Hispanie d'où était parti l'embrasement : Pyr, FEU ; Eneas, JAPHET.

Diodore de Sicile en consigne la date à l'an du monde 2256, c'est-à-dire 657 ans après le Déluge.

« Dictum est a nobis libro superiori in Her-
« culis gestis Hiberiæ montes qui Pyrenei
« vocantur et altitudine et magnitudine longe
« alios excedere ; nam a mari quod ad meri-
« diem jacet usque ad oceanum Galatiam ad
« Hiberiæ dividunt, per Celtiberiam quoque
« protenduntur stadiis tribus millibus, in qui-
« bus cum sint frequentes silvæ *ferunt priscis*
« *temporibus igne a pastoribus injecto montanas*
« *omnes regiones fuisse combustas. Qua ex re*
« *montes aiunt cognominatas Pyreneas.*

« Ardente continuis diebus igne, plures ex
« montibus argenti puri rivuli flammarum vi
« effluxere. »

Diodore de Sicile, Edition de Venise, MCCCCXCIV, livre VI, page 46.

Parvenus à ces lointaines régions de la Pré-Histoire, comment ne pas embrasser d'un coup d'œil, à la lueur de cette immense projection lumineuse de l'Incendie des Gaules, l'ensemble que présente l'état du monde à cette époque ?

La terre jeune et vigoureuse ne garde du cataclysme diluvien que les grands bouleversements du sol qui attesteront jusqu'à la fin des siècles l'universel châtiment.

Couverte de forêts impénétrables ou de luxuriante végétation, elle est comme un riche domaine que les enfants de Noë se partagent.

Cham, après la malédiction de son père, se retire en Egypte où Misraïm, son fils, bâtit la ville de Thèbes (2126).

Sem demeure aux rives de l'Euphrate et son petit-fils, Assur, jette les fondements de Ninive (2640).

La même année, Nemrod, petit-fils de Cham, revient en Asie et fonde Babylone, rivale funeste de Ninive, car les deux races venant à s'unir, les enfants des hommes commencent à édifier une tour qu'ils s'efforceraient de monter jusqu'au Ciel si Dieu ne venait confondre leur orgueil en confondant leur langage...

Irrité de l'impiété de ses descendants, Noë se retire à l'Orient où (soutiennent quelques auteurs) il fonde le Céleste Empire, l'entourant d'une muraille infranchissable pour l'isoler complètement et le préserver du contact des nations idolâtres.

(De nos jours les missionnaires restent frappés des rapports qui existent entre l'antique religion chinoise et les traditions patriarcales primitives.)

Toutefois, la postérité de Sem, restée en Orient, se perd au contact diabolique des enfants de Cham.

A Babylone comme à Thèbes et à Memphis l'idolâtrie règne en souveraine, et voici que Ninive s'abreuve aux mêmes sources empoisonnées...

Dans ces villes maudites, le Soleil, la Lune, les Astres, les animaux, les plantes reçoivent un culte d'adoration : « Tout y est dieu, excepté Dieu lui-même... »

Alors, le Seigneur ayant promis de ne plus perdre la Terre par le Déluge, se choisit dans la famille de Sem, Abraham, fils d'Héber, pour être le Chef de son peuple et le gardien de ses Promesses.

Ainsi, en rapprochant les dates, nous voyons, à l'époque même où Thèbes et Memphis allument en Egypte le feu diabolique de l'idolâtrie qui va s'étendre dans tout l'Orient, paraître soudain à l'Occident, l'immense embrasement à la lueur duquel nous avons distingué tout un peuple de pasteurs fuyant le fléau terrible.

Ce sont les enfants de Japhet. Gomer, fils de ce patriarche, les a conduits dans ces contrées lointaines à l'abri de ces forêts impénétrables pour les préserver eux aussi des contagions mortelles de l'idolâtrie.

Ils se nomment les *Celtes*, à cause de la blancheur de leur peau ; ils vivent ignorés et cachés gardant leur trésor sacré, les Traditions d'Eden.

Lorsque, dans la suite des âges, les enfants d'Abraham auront rejeté le Pacte Divin en clouant à la Croix le Messie promis, c'est au peuple Celte que les disciples accourront porter la Nouvelle Alliance.

Il est facile maintenant de comprendre pourquoi Dieu permit que, dès les premiers âges du monde, les Gaules fussent marquées dans l'Histoire par cet immense trait de Feu.

LES CELTES-GAULOIS

Leurs Migrations.

De tous les peuples de la terre, celui qui rappelle le plus l'état primitif est le peuple Celte.

Quelques savants assurent, et leur opinion est fondée, que la langue celtique est l'une des langues des premiers Patriarches.

Amenés par Gomer, fils de Japhet, dans les contrées de l'Occident, ces peuples y vécurent pendant les premiers siècles ignorés des autres nations et occupés exclusivement de la culture des champs ou de l'élevage des troupeaux.

Gardiens fidèles de la Promesse Edénique confiée par Noë à Japhet, intimement liés à la Divinité par des sacrifices préfiguratifs du sacrifice de la Croix, ils joignent à la simplicité de leurs mœurs pastorales une science profonde qui les élève au-dessus des peuples contemporains.

Les Druides, leurs prêtres, qu'ils nomment aussi les « Hommes du Chêne », leur ont appris les trois grands Mystères divins.

Ils savent qu'en Dieu il y a trois Personnes ; ils le nomment *Teu-Ta-Tès*, comme les Juifs le nomment *Je-ho-vah*.

Ils savent que la seconde Personne Divine s'incarnera dans le sein d'une Vierge pour le salut du Genre Humain et ils offrent à *Isis*, la Vierge devant enfanter, les plus fervents hommages.

Ils connaissent le nom que portera dans l'avenir le Messie promis à Adam et aux Patriarches ; ils savent même le genre de supplice par lequel il sauvera le monde ; dans le Chêne qu'ils vénèrent, ils adorent la Croix en prononçant le nom sacré *Esus*, pour dire Jésus, qui résume leurs plus ardentes prières.

Ils ont l'initiation anticipée du mystère Eucharistique puisqu'ils offrent le pain et le vin avant d'immoler les victimes (1).

Aucun danger n'existe pour eux ; ils affrontent la mort sans frayeur, car ils croient à l'Immortalité de l'âme et à la récompense d'une sainte vie dans un monde meilleur.

Armés de telles croyances, les Celtes deviennent un peuple de héros, et à mesure que s'étend sur eux la bénédiction divine donnée

---

(1) Grand Dictionnaire Larousse, au mot *druide*.

aux grands Patriarches : « Je multiplierai votre « race comme les étoiles du Ciel ou les grains « de sable de la mer », nous voyons cette pieuse famille couvrir le monde entier de ses innombrables migrations.

Gal en celte veut dire caillou, et comme les cailloux peuvent se lancer à grandes distances, nos pères adoptent le nom de *Gal*, Gaulois, lorsqu'ils commencent leur universelle pérégrination.

Ils fondent en Irlande le comté de *Galway*.

En Angleterre, le pays de *Galles*.

En Écosse, ils donnent leur nom aux montagnes de *Galoway*.

En Espagne, ils fondent la *Galice*.

En Autriche, la *Galicie*.

En Moldavie, *Galatz*.

En Asie Mineure, la *Galatie*, royaume des Gallo-Grecs.

En Turquie, *Gallipoli*.

En Algérie, *Gaulma* ou Guelma, l'antique Kalama citée par saint Augustin.

En Abyssinie, la Terre de *Gallas*.

En Palestine, la *Galilée* et *Galaad*.

En Guinée et au Gabon, les établissements de *Galabar*.

Aux Indes, dans le Bengale et sur les côtes de Malabar, *Galcutta* (Calcutta) et *Galicut* (Calicut).

Au Pérou, la ville de *Gallao*.

Dans l'Océan Pacifique, les îles de *Gallapagos* (1).

De *Romay*, 600 ans avant Jésus-Christ, partit la tribu des Insubriens pour rejoindre en Italie l'expédition de Bellovèse, sur les bords du Tessin, où déjà les Celtes ont fondé Turin, Milan, Modène et Ravenne ; tandis qu'une autre tribu, sous la conduite de Sigovèze, traverse l'Allemagne et s'établit en Bohême.

Et bien avant ces migrations, du xiie au ixe siècle avant notre ère les peuples gaulois (Boïens et Ambra) ont pénétré en Italie portant avec eux la prestigieuse Tradition de *Romay* dont Romulus, fils de la Vestale, porte le nom, et qu'il donnera plus tard à la capitale du royaume qu'il doit fonder.

Fidèles à leur antique serment de garder en tout lieu où les conduit leur destinée, le culte sacré d'*Isis* à qui ils sont voués dès le berceau, les Gaulois élèvent partout où ils demeurent, ces dolmens, ces Pierres levées, ces monuments druidiques qui étonnent et impressionnent le voyageur ; mais qui pour nous demeureront jusqu'à la fin des temps les *Pierres de Témoignage* du Grand Apostolat primitif de nos pères, portant avec eux, à travers le monde,

(1) La Vierge du Val d'Or, *Novissimum Organon* (1897-1898).

les dogmes sacrés de l'Eden, et le culte immortel de la Vierge devant enfanter.

A une époque plus rapprochée, lorsque Jules César, accomplissant à son insu les Décrets Eternels, conduira les légions romaines dans le pays des Gaules pour en faire la conquête, il y rencontrera une longue et vigoureuse résistance ; les Annales du Monde offrent-elles un siège plus mémorable que celui d'Alésia, une figure plus chevaleresque que celle de Vercingétorix ?

César apparaît comme un barbare en présence du héros celte qui tient du Ciel même sa fière magnanimité.

Il est à remarquer que l'Histoire, si fidèle à nous retracer la marche des légions romaines dans les Gaules, omet scrupuleusement ce fait capital, que jamais elles ne purent pénétrer dans les provinces Charollaises.

Les plus braves chevaliers Gaulois s'étaient retirés dans ce boulevard druidique consacré par un culte de reconnaissance à l'*Isis de Romay* dès les premiers âges du monde.

Animés de la même confiance qui avait autrefois inspiré à leurs pères d'appeler à leur secours la future Mère du Rédempteur, lors du grand Incendie des Gaules, ils viennent maintenant l'implorer dans cette nouvelle détresse, l'Invasion Romaine, et voici que, répondant à leur appel, Elle-Même défend leur contrée et la rend invincible.

Dans toutes les villes qui tomberont en leur pouvoir, les Romains édifieront des temples à leurs idoles : Marseille, Nîmes, Arles, Lyon, Autun, Paris, conservent des ruines monumentales de leur passage.

Jamais le sol Charollais ne sera foulé par un pied idolâtre, jamais il ne portera la moindre flétrissure d'un culte satanique.

Et tandis que les légions romaines, dans les villes conquises, offrent leur encens aux Divinités infernales, les Druides s'assemblent encore à *Solutré* et à *Romay* pour offrir à Dieu les sacrifices d'expiation qui, de l'Eden au Calvaire, maintiennent l'Alliance suprême du Créateur avec ses créatures.

PASSAGE DU DRUIDISME AU CATHOLICISME

Maintenant, les temps sont accomplis, la Vierge a donné au monde le Sauveur attendu. Il a passé en faisant le bien ; mais les Juifs n'ont point voulu reconnaître sa divine Royauté ; ils l'ont cloué à l'Arbre de la Croix. . . . . .

. . . .

Alors, l'Esprit-Saint, au jour solennel de la Pentecôte, lève pour les disciples du Seigneur l'obstacle de la diversité des langues et les envoie porter l'Evangile à toutes les Nations.

Toutefois, c'est au peuple Celte qu'ils accourent avec plus de zèle et plus nombreux, ce peuple n'ayant cessé, depuis le commencement du monde, d'offrir à Dieu des sacrifices, et d'attendre le Rédempteur. D'ailleurs Notre-Seigneur a dit : « *J'ai encore d'autres brebis qui ne sont pas dans cette bergerie. Il faut que je les amène, elles écouteront ma voix et il n'y aura qu'un troupeau et un Pasteur.* » . . . .

. . . .

Saint Pierre établit donc le centre de ses pérégrinations à Rome, puis il vient évangéliser Genève et le Chablais.

Saint Paul convertit Vienne et tout le pays des Allobroges.

Lazare, Marthe et Marie abordent en Provence.

Les disciples de saint Jean se partagent la province Lyonnaise.

Eclairés et guidés par l'Esprit-Saint, ils marchent à coups sûrs à leurs saintes conquêtes. Pour convertir le monde, ils sont venus à Rome maîtresse du monde ; pour éclairer les Gaules, ils porteront la lumière aux chefs des Gaules. Or les chefs de la religion, de l'armée, de la science, de la justice, en Gaule, ne sont autres que les Druides.

Animé du zèle ardent des disciples de saint Jean, saint Irénée, évêque de Lyon, se donne pour mission de porter lui-même au Grand Prêtre de la Contrée Eduenne, la connaissance du mystère de la Rédemption.

Il attend une réunion solennelle, celle de L'AN NEUF (NOEL) qui rassemble au pied du Chêne antique de Romay toute la nation Charollaise.

Ils sont là nombreux, les Prêtres, vêtus de lin et couronnés de verveine ; le plus âgé tient la serpe d'or qui a coupé le gui... Le Pain et le

Vin sont sur l'Autel... et voici le Bœuf sans tache qui va être immolé.

Soudain paraît, au milieu de la religieuse assemblée, et à l'instant le plus solennel, un Druide inconnu du Collège sacré...

Sa longue barbe accuse un âge très avancé, sa blanche tunique se détache éclatante sur l'ombre épaisse de la Forêt.

Il s'avance d'un pas ferme jusqu'au Pontife qui se tient debout à l'Autel, et, s'inclinant devant lui :

« — Vénérable Frère, lui dit-il, d'une voix
« qui est entendue de tous les assistants, cessez
« de faire couler le sang des victimes, car les
« temps sont accomplis, la Vierge nous a donné
« le Rédempteur. Il est mort sur la Croix pour
« sauver le monde... Je suis envoyé par Lui
« pour vous annoncer la Bonne Nouvelle. A la
« Loi de Crainte succède la Loi d'Amour.
« Désormais le Sacrifice seul du Pain et du Vin
« nous unit à JÉSUS pour l'Eternité... »

Au Nom Divin de JÉSUS, une Lumière éclatante illumine toute la forêt... De l'Autel auquel ses pieds demeurent attachés, le Prêtre Celte tend les bras à l'Evêque du Christ qui le presse contre sa poitrine en lui donnant le baiser de paix...

Alors, d'un geste souverain, Irénée, debout à l'Autel, commande aux Vacies d'écarter la victime, puis il prononce sur le pain et le vin les

paroles mystiques, et, dans une incomparable
Communion, les deux Pontifes, celui de la Loi
Primitive et celui de la Loi Nouvelle, se recon-
naissent Apôtres du même Dieu. . . . . . .

. . . .

. . . .

*
* *

C'est de Rome, centre de la Religion catholique,
que partent pour tous les pasteurs de l'Eglise
universelle les ordres de législation, de culte
ou de grâces pour toutes les Nations fidèles. .

C'est de Romay, siège du Grand Pontificat
Druidique, que part pour tous les sanctuaires
des Gaules, le Décret qui met fin aux sacrifices
sanglants.

Les Apôtres de l'Evangile sont maintenant
répandus dans toute la contrée et jusqu'en
Angleterre ; ils apportent le plus grand zèle à
compléter l'Initiation Nouvelle.

Soudain, par un élan spontané des esprits et
des cœurs, les sanctuaires Druidiques deviennent
les sanctuaires catholiques de la Vierge Mère.

Arles, Angoulême, Issoudun, Le Puy, Long-
pont, Fongombaut, Chartres, Lourdes, en sont
les plus illustres monuments et offrent des pages
sublimes à écrire pour la Reconstitution de
cette Fusion sans pareille dans l'Histoire, du
Culte Pré-Messianique dans le Culte Post-Messianique.

A Romay où l'*Isis* antique avait dans les temps pré-historiques arrêté l'Incendie des Gaules, l'*Isis* nouvelle allume le Feu sacré de l'Amour Divin qui embrasera l'Univers.

Ce n'est plus le sang du Bœuf qui coulera désormais pour réconcilier le Ciel avec la Terre, l'Autel des sanglants sacrifices est brisé ; mais de ses fragments mémorables, sort la statue de la *Vierge Mère* dont le Règne vient souverainement préparer celui de son divin Fils.

Un grand nombre de statues, copiées de celles de Romay, prennent place sur les Autels ; seule, l'Icône de Romay porte au socle un symbolisme qui la caractérise à jamais entre toutes les autres.

Ce sont les deux lettres acrologiques grecques qui y sont sculptées pour immortaliser la Gnose de saint Jean par qui la Lumière s'est faite dans cette contrée bénie.

Ces deux lettres sont le Φ. et le B, qui signifient : *Lumière et Vie.*

A toutes les générations qui passent devant elle, Notre-Dame de Romay redit, en présentant son divin Fils :

« Il est la Vie et la Lumière de tout Homme « venant en ce monde. »

LES GRANDES DIVISIONS DU TEMPS

OU

LES QUATRE CYCLES PRÉ-MESSIANIQUES

Il est effroyable, lorsqu'on suppute les dates de l'histoire, en les divisant par Cycles ou milliers d'années, de constater la rage incessante qu'apporte l'Eternel Ennemi de Dieu à perdre le Genre Humain.

Adam ayant vécu 930 ans vit grandir autour de lui huit générations dont voici le tableau généalogique :

	CAÏN.	ABEL.	SETH.
	Henoch.		Enos le Pieux, né en 235, mort en 1140.
	Jared.		Caïnan, — 325, — 1235.
	Maviaël.		Malaël, — 395, — 1250.
	Lamech.		Jared, — 460, — 1122.
	Il tua Caïn.		Henoch, — 622, enlevé en 987.
	Il eut 2 femmes.		Mathusalem, — 687, mort en 1652.
Adda	Jabel. Jubal.		Lamech, — 874, — 1651.
Sella	Tubalcaïn. Nocma.		Noë — 1056, — 2006.

Premier Cycle.

D'après ce dénombrement, nous voyons qu'Adam passa les quatre-vingt-seize dernières années de sa vie avec Lamech, père de Noë, et qu'il fut au milieu des premiers patriarches le représentant de Dieu même.

Et cependant, à l'exception d'Enos le Pieux qui lui fut donné pour le consoler de la mort d'Abel,

A l'exception d'Enoch enlevé et réservé par Dieu pour être le dernier Champion sur la Terre du Règne Divin,

Et à l'exception de Noë seul trouvé digne d'échapper à la vengeance céleste, les fils de Seth comme les fils de Caïn, s'écartèrent tellement de la Loi Primitive qu'ils inspirèrent à Dieu le regret d'avoir créé l'Humanité ; elle n'avait pas beaucoup plus de deux mille ans d'existence lorsqu'elle fut engloutie dans les Eaux du Déluge.

Deuxième Cycle.

Après l'universelle destruction, c'est la famille de Noë qui va repeupler la Terre ; mais avant que la première moitié du second Cycle fut écoulée, Satan, ayant ménagé des alliances entre les descendants de Sem le Pieux et les filles de Cham le Maudit, l'Idolâtrie envahit la famille humaine, et voici que Dieu est obligé de se choisir un peuple pour garder son alliance.

Vocation d'Abraham . . . . . 2107.
Législation de Dieu par Moïse. . 2513.

Et tout le reste de cette seconde période n'offre qu'une longue suite des révoltes et des châtiments du peuple d'Israël.

Troisième Cycle.

Le troisième Cycle est marqué par la chute de Salomon sacrifiant à Moloch et suivi de son châtiment :

La division de son Empire. . . . . 3224.
Et peu après la captivité de Babylone. 3398.

Quatrième Cycle.

Enfin, le quatrième Cycle est marqué par la réalisation de la Promesse Divine à nos Premiers Parents :

La Venue du Christ en ce Monde pour la Rédemption du Genre Humain.

Les Cycles Post-Messianiques

PREMIER CYCLE

Jésus-Christ par sa mort a reconquis la souveraineté de ce monde que ne cesse toutefois et ne cessera jusqu'au dernier jour de lui disputer l'Esprit Infernal.

Dans les siècles qui suivent, des milliers de martyrs signent de leur sang leur dévoûment au divin Règne ; des Hérésies se lèvent, mais des hommes de génie paraissent aussitôt pour les combattre.

Au nom du Christ, Clovis fonde en 496 le royaume de France, et en 800, Charlemagne ceint le diadème d'Occident.

Les ordres religieux resplendissent du plus vif éclat et, comme une Fiancée qui se pare pour son Royal Epoux, la France se couvre de magnifiques basiliques, incomparables joyaux d'architecture, en l'honneur du Roi des Rois.

De Bourgogné, terre prédestinée, est venue pour Clovis, l'Ange de la Conversion. Dans cette même région bénie, entre Solutré, autel des plus anciens sacrifices patriarcaux, et Romay, célèbre sanctuaire de l'Isis Celtique, Guillaume d'Aquitaine, obéissant à une inspiration divine, fonde, en 923, cette incomparable abbaye de Cluny, foyer unique au monde, de grandeur, de science, de piété ; « berceau de la civilisation moderne qui fournira à l'Eglise les plus illustres Pontifes. » (Saint Grégoire VII, Urbain IV, Pascal II ; comme aussi saint Mayeul, saint Odilon, saint Hugues.)

Et Guillaume d'Aquitaine, évoquant hautement le passé pieux de ces Contrées fidèles, stipule dans sa charte de fondation cette clause saisissante :

« Les moines de Cluny feront là à perpétuité, « des prières pour tous les Orthodoxes des temps « passés, présents et futurs. » . . . .

. . . .

Quelques années plus tard (998), saint Odilon continuant la même puissante évocation établit, en la Fête du 2 Novembre, un Office solennel, « au profit de tous les fidèles morts depuis le commencement du monde. » . . .

. . . .

Et ces événements uniques dans l'histoire ne sont que le prélude d'un acte plus mémorable encore.

Le puissant Prince Chrétien, Lambert, comte de Chalon, recevant de Hugues de Vermandois, duc de Bourgogne, en apanage, la province Charollaise, en fait au Christ un Hommage solennel et sans égal, sinon le don du royaume de France à Notre-Seigneur qu'imposera, en 1429, Jeanne d'Arc à Charles VII.

Voici les termes du Testament de Hugues, fils du Comte Lambert, le plus illustre qui ait jamais été signé, puisqu'il donne à Paray-le-Monial la suprématie sur toutes les cités du monde :

« Il nous a plu d'insérer dans ce Testament
« qu'à partir de ce jour, mai 999, ce lieu ne soit
« soumis à aucune puissance terrestre ; mais
« que ceux qui l'habitent aient pour Roi et
« Gouverneur Notre Seigneur Jésus-Christ à
« travers les siècles futurs et les générations des
« générations. »

Cartul. de Paray.

Et pour Gardienne Impérissable de ses suprêmes volontés, il fonde à Paray, avec l'aide de saint Mayeul, l'abbaye bénédictine, fille de celle de Cluny et autour de laquelle s'empresse de descendre le vieux Paray des Grenetières qui dès lors devint Paray-le-Monial.

Puis il jette les fondements de cette splendide Basilique dont la solennelle consécration, l'an 1004, signale glorieusement un des anniversaires sauveurs de la naissance du Christ, et dont les voûtes majestueuses, à travers les âges futurs, retentiront des acclamations du monde entier à Jésus Roi !

Comme aux temps bibliques, le Ciel marque d'un prodige ces grandes manifestations de piété. Les ruines du *Templum antiquissimum* dédié, dans les temps primitifs, à l'Isis celtique, vont servir à l'édification de la nouvelle Basilique de Notre-Dame, et l'on verra des bœufs aveugles, seuls et sans guide, transporter du Tumulus de Romay où ils gisent ignorés et oubliés depuis des siècles, « les pierres mureuses » et les matériaux qui vont former le nouveau Palais de la Reine du Ciel.

Ainsi le Bœuf, dont la race a pendant tant de générations fourni les victimes expiatoires, se trouve encore associé d'une manière touchante aux grands événements de notre sainte Religion : A Bethléem il réchauffe l'Enfant-Dieu dans la Crèche ; à Paray il transporte les colonnes du nouveau Temple de la Reine du Ciel.

En 1295, la sainte maison de Nazareth sera également transportée d'Orient en Occident ; mais ce seront les Anges qui déposeront à Lorette le précieux fardeau.

Deuxième Cycle Post-Messianique

Héritiers des Arcanes Druidiques, les moines de Cluny connaissent à fond les Traditions de notre pays ; ils lui rendent son nom antique « Val d'Or » chanté par les Védas ; Aor, réverbération ou reflet du Fils de Dieu, seconde Personne de l'Auguste Trinité. . . . . . .

. . . .

Éclairés par les fils de saint Benoît, ce n'est donc pas pour accomplir un vœu personnel de piété, que Guillaume d'Aquitaine fonde l'abbaye de Cluny dans une vallée voisine de Solutré, ni pour obéir à une pieuse fantaisie que le comte Lambert et sa femme Adélaïde érigent Paray et toute la province Charollaise en fief éternel de Notre-Seigneur.

C'est pour accomplir envers le Roi des Rois un acte d'Hommage qui entraîne dans la suite des temps tous les Fidèles à venir le renouveler dans ce lieu authentiquement désigné pour ces Royales Manifestations.

Après que Pépin le Bref se fut prosterné

dans la tombe pour adorer Dieu jusque dans la mort, son fils, Charlemagne, fut couronné Empereur d'Occident.

Après que Lambert, comte de Chalon, eut offert au Christ la souveraineté des provinces Charollaises, Notre-Seigneur se plut à y manifester d'une manière éclatante son Divin Règne.

Quels volumes suffiraient à consigner les dates glorieuses qui depuis lors marquèrent toutes les années?

Le temps vient où des historiens pieux reprendront, pour les énumérer, chaque floraison mystique ou architecturale de ce royaume de prédilection.

Pour nous, déjà nous ne voyons plus que l'Evénement capital qui marque le XVIIe siècle d'une surnaturelle Empreinte, et qui demeure à notre Ère catholique, ce que fut à l'Ère Hébraïque, la Loi donnée à Moïse sur le Sinaï.

Après avoir suscité dans le Charollais les fils de saint Ignace de Loyola pour combattre victorieusement le Protestantisme qui s'y était infiltré, après avoir vengé l'honneur de son Auguste Mère en amenant dans la capitale de son Règne et pour former sa Cour, les Saintes Maries ou Visitandines, Notre-Seigneur va de cette ville même adresser au monde un suprême Manifeste, et ce sera, Il nous en prévient, le dernier appel de son Divin Cœur.

Le Sinaï, cette fois, est l'Autel de la Visitation ; la foudre et les éclairs sont les rayons embrasés qui s'échappent de la Poitrine de Jésus... Moïse est remplacé par une humble religieuse qui écoute, pour les transmettre à l'Univers, les plaintes et les demandes du Roi des Rois.

« Je ne puis plus, dit Notre-Seigneur, sup-
« porter l'abandon où me laisse l'ingratitude
« des hommes, dans le Sacrement de mon
« amour ; je les ai aimés d'un amour éternel et
« ils ne me rendent qu'indifférence, amertume
« et oubli.

« Toi du moins, console-moi par ta tendresse
« et ta ferveur.

« Consacre une Communion, le premier ven-
« dredi de chaque mois, à réparer les outrages
« dont je suis accablé.

« Donne-moi, chaque nuit du jeudi au ven-
« dredi une heure de consolation au souvenir
« de ma douloureuse agonie.

« Fais savoir au Fils de mon Cœur le Roi de
« France, qu'il n'est qu'un moyen pour lui
« d'échapper aux châtiments qui le menacent :
« Qu'il me consacre sa Personne et son
« royaume par un Hommage solennel et natio-
« nal ;
« Qu'il élève un Temple-Palais pour centre
« de cet Hommage suprême ;

« Qu'il prenne pour Blason mon Divin Cœur,
« qu'il le fasse peindre dans tous ses étendards,
« et je lui donnerai la Victoire sur tous ses
« ennemis.

« Et c'est là le dernier effort de mon Cœur
« pour le sauver, lui, sa .race, l'Eglise, son
« royaume et le monde. »

Et comme l'humble Marguerite-Marie objecte
sa faiblesse et la difficulté pour elle de transmettre de tels ordres, Notre-Seigneur ajoute :

« Je t'ai choisie extraordinairement chétive
« afin que ma gloire éclate davantage, car je
« régnerai malgré mes ennemis ! »

. . . .

Louis XIV reçut-il ou rejeta-t-il le divin
Message qui lui fut adressé par l'entremise de
son confesseur, le P. Lachaise ?

Rien dans l'Histoire du Temps ne répond à
ce suprême appel. On était en 1689. Cent ans
plus tard éclatait la grande Révolution Française qui emportait dans des torrents de sang
le trône et les rois...

*
* *

« Le Ciel et la Terre passeront, a dit Notre-
« Seigneur, mais mes paroles ne passeront
« jamais. »

Lorsque les Hordes Teutoniques, en 1870, se ruèrent sur notre malheureux pays, il se souvint des demandes de son Roi Eternel et Paris dressa sur les hauteurs de Montmartre la Basilique du Vœu National, au Sacré-Cœur de Jésus. Là, depuis lors, jour et nuit monte vers le Ciel la Prière de la France Pénitente.

A Paray, un Vénérable Père de la Compagnie de Jésus établit la Communion du premier vendredi de chaque mois, et maintenant il est peu d'âmes pieuses qui ne soit associée à ce grand acte de réparation demandé par Notre-Seigneur.

De Paray également la pratique de l'Heure Sainte s'étend à tout l'Univers, et ce sont bien là réalisées les premières demandes de Notre-Seigneur; toutefois elles ne font que préparer les Actes Nationaux et solennels de Réparation auxquels le salut de la France, de l'Église et du monde entier reste attaché.

Notre pays est le royaume du Christ. Il en a fait la conquête par sa mort pour nous racheter.

Clovis reçoit du ciel les lys d'or de la divine royauté ; Charlemagne dépose le diadème impérial d'Occident devant l'Hostie glorieuse.

Au sacre de Charles VII, Jeanne d'Arc se fait donner par acte notarié le royaume de France afin de pouvoir l'offrir à Notre-Seigneur et en son nom le rendre à Charles.

C'est donc bien son royaume de France que Notre-Seigneur réclame à Louis XIV, en lui demandant, par la bouche de Marguerite-Marie, un Hommage National à son divin Cœur, un Temple-Palais qui soit le centre de cet Hommage, un blason portant le Divin Cœur et ne laissant aucun doute à l'Univers sur cette éclatante et glorieuse Restauration.

Enfin des drapeaux marqués de ce signe sauveur, afin que la guerre engagée dès le commencement du monde contre l'Esprit Infernal entraîne plus de combattants et décide le suprême triomphe.

Déjà l'année 1899 a retenti de la solennelle Consécration par Léon XIII de l'Univers au Divin Cœur, et les voûtes de l'antique Basilique de Paray ont frémi aux accents d'un Hommage-Lige prononcé par les Chevaliers du Christ.

Maintenant ce sont toutes les Nations de l'Univers qui s'associent à ces glorieuses manifestations en envoyant leurs délégués renouveler au Sacré-Cœur le grand serment d'amour.

. . . .

O Jésus, Roi de France!
Roi du Monde!
Roi éternel des Cieux!

Ce n'est plus seulement Marguerite-Marie qui écoute les plaintes et les revendications de votre Cœur adorable ; c'est la France, c'est l'Univers entier accourus pour réparer l'indifférence et l'ingratitude des derniers siècles...

Reprenez, Seigneur, votre sceptre !
Régnez sur l'Univers !

Et que la France que vous avez choisie entre les Nations reste à jamais le Royaume de votre Divin Cœur !

ARCHÉOLOGIE DE PARAY

L'Hôtel de Ville

L'esprit encore impressionné des grands événements mondiaux au milieu desquels Paray s'élève au-dessus de toutes les cités, il est temps de voir combien fidèlement est retracée, ici, l'Epopée universelle de notre Histoire au monument civil qui en présente le schéma impérissable : l'Hôtel de Ville même de Paray.

Placé au centre de la ville et chargé d'ornements symboliques, ce monument excite la curiosité du voyageur comme, en Egypte, les Obélisques chargés d'hiéroglyphes dont on voudrait déchiffrer le sens caché.

Lisons d'abord la date gothique placée au-dessus de la plinthe d'entrée : IZ50. 1250.

Une barre beaucoup plus récente traverse le Z et le transforme en 4, nous indiquant que les ornementations furent achevées deux siècles plus tard, en 1450.

Nous ne devons nous occuper ni des baies cintrées qui sont de date récente, ni de la stèle calviniste nommant Pierre Jaillet comme fondateur de cette maison, tandis qu'il n'en fut que le premier preneur huguenot, lorsqu'elle fut vendue au moment des guerres de religion.

Mais regardons la première ligne où sont représentés six Gnomes ou Esprits des Montagnes, gardant le feu-sacré et les biens enfouis dans le sein de la Terre.

Saint Jean dans l'*Apocalypse* parle des Anges des Villes, des Eglises, des royaumes.

Ici ce sont les Esprits des Montagnes Charollaises ; ils sont porteurs de cartouches sur lesquels est représenté le Chrisme au chiffre 4, qui est le nom abrégé du Christ régnant sur le monde. Or, ce symbole étant le blason de Paray, nous le retrouvons aux places d'honneur, tout au haut de l'édifice et aux principales lucarnes, comme en d'autres endroits où il est coutume de poser le blason.

Le trésor que gardent les Gnomes est, au-dessus de la porte d'entrée, une conque marine accostée de deux paons soutenant une minuscule Isis celtique, la Vierge naissante dès l'aube des temps et avant toutes les autres créatures.

Tous les pilastres sont ornés depuis le bas jusqu'au haut de l'édifice de petits ronds en sculpture qui sont de la plus grande importance ; ils se nomment points-feux et sont employés, chez tous les peuples, pour indiquer des traînées de lumière cosmique transmise à grande distance : les Gnomes, esprits des montagnes, les ont lancés des entrailles de la terre pour animer toutes les créations.

En suivant du regard ces points-feux jusqu'au haut du monument, on voit qu'ils aboutissent à quatre médaillons qui sont les reproductions de quatre médailles antiques représentant l'Amérique et l'Asie (à gauche), l'Afrique et l'Europe (à droite).

Et ces figures des quatre continents tournent leurs regards vers la tourelle centrale de l'édifice où régnait autrefois (d'après un dessin du temps) un Christ ressuscité glorieux...

Les coquilles sculptées à chaque étage et bien connues pour leur signification héraldique de « Voyages au-delà des mers » complètent tout le sens de ces grandes lignes, où chacun peut lire clairement la conquête opérée des quatre continents par les Esprits des Montagnes Eduennes, en vertu de la Promesse Edénique de la Vierge et pour la Résurrection du Rédempteur.

Le troisième étage, orné d'un grand nombre de figures, représente les serments.des Aryas, des Pré-Celtiques, des Celtes et des Gaulois, devant la *Virginæ parituræ* de Romay, l'antique Patronne des Eduens, accostée des Archanges Michel et Gabriel dont les contours exacts ont été enlevés au ciseau par de sacrilèges vandales.

Au deuxième étage, à droite, une stèle archaïque représente un homme ailé, ce qui veut dire : divin, animé du feu divin. C'est l'Hercule celtique *Og-mi*, Gomer, patron des Gaulois, héritier de la grande maîtrise d'Agni et du Pacte Edénique, puisque un Ange, à gauche, lui apporte le Chrisme Eduen.

Les deux médaillons au bas de l'Hercule celtique sont ceux de Constantin et de sainte Hélène apercevant le Chrisme révélé à Gomer avec l'exergue : « *In hoc signo vinces* » en pleine victoire sur le territoire Eduen, pour la fondation du Saint-Empire d'Orient.

La ligne du deuxième étage, ornée d'une multitude de figures et de conques marines, représente, à l'extrême droite, l'Interrogation d'Auguste à la Sibylle du Capitole, concernant la venue de la *Vierge devant enfanter* ; et à l'extrême gauche, la même Interrogation faite par les chefs Eduens à la Sibylle de Cumes, ainsi que les expéditions entreprises à ce sujet.

Au centre, sainte Geneviève, patronne de Paris, surmontée d'une stèle du Saint-Graal où deux colombes s'abreuvent. Deux médaillons, à côté, indiquent sainte Radegonde et la comtesse Mathilde ; et ceux sur les tourelles, à la même bande, portent l'effigie monétaire de *Charlemagne* et de *Charles-Quint*. Cette bande explique donc la formation de la Chrétienté et du Saint-Empire Occidental des Romains.

Revenons aux quatre bustes en sculpture qui se trouvent à la première ligne du premier étage. Ce sont, à gauche, les portraits du comte Lambert et de sa femme Adélaïde, signataires de la charte déclarant le territoire soumis au Christ-Roi pour seul Chef, de générations en générations ; et à droite, les portraits de Guillaume le Pieux et de son épouse Ingeltrude, créateurs de l'Abbaye de Cluny et protecteurs insignes du Charollais.

C'est bien ici la Garde d'honneur qui est montée sur les créneaux pour la défense du beau royaume des Lys du Christ-Roi, puisque les deux sentinelles, debout au-dessus de cette ligne fondamentale, ne sont autres que Clovis s'appuyant sur sa framée (à droite) et Jeanne d'Arc faisant flotter son étendard (à gauche).

Ainsi rétablie, la vieille Légende Charollaise du Feu prend des proportions magistrales inaperçues. Ce n'est plus seulement une légende populaire vécue chez les Celtes, qui date de l'an 2300 et quelques avant le Christ, c'est une légende scientifique, instruite par les Druides, qui englobe les mystères et les questions que se sont transmis tous les peuples du monde sur les origines et la puissance du feu d'*Aor-Agni* (l'*A-hour* des Celtes, l'Ahura Mazda des Esséniens, la Lumière suprême du Monde des Mages). Ce sont les Arcanes sacro-saints de la Lumière Edénique, celle qui préside à l'Illumination, et à

la destruction des Ténèbres, depuis l'Origine de
la Création, qui se trouvent ici indiqués comme
ayant produit tous les effets mondiaux, sociolo-
giques, économiques et politiques, que la terre
a subis depuis lors. C'est là le Feu mystérieux
primordial qui fit la force et le relief des continents, qui les sépara des Eaux, qui leur donna
la flore et la faune, qui implanta le jardin d'E-
den, qui lança les hommes Edéniques Eduens
comme une ruche éparpillée d'abeilles attendant leur *Reine* pour les féconder, s'alliant
d'avance avec elle en vue de l'Ecrasement de la
tête du serpent du Mal par son Fils, l'Agneau
de Dieu, et soumettant, pour la gloire victorieuse de son Chrisme, tous les Empires et les
royaumes, sous tous les climats, avant comme
après sa Résurrection du tombeau.

Ce Feu Illuminateur des Eduens, leur PHOS,
leur AOR magique, dont les savants ne pou-
vaient plus s'expliquer la nature et les conditions, qu'il soit aussi leur *Fiat Lux;* et comme
les Druides et les Eduens, nos savants conver-
tis aux secrets Edéniques du Sacré-Cœur pourront y reconnaître et enseigner la *Loi antique
d'Aor,* que la *Genèse* de Moïse et le *Zend-Avesta*
proc'ament, que Zoroastre, Fo-Hi, Confucius et
Lao-Tseu connaissent sous le même nom : *Aor,
Lumière,* et que l'Egypte, la Chaldée, la Baby-
lonie, le Mexique et le Pérou, l'Afrique et
l'Australie entière écrivent sur tous leurs mo-

numents sous ce même aspect de *toutes petites rondelles*.

Les Celtes et les Druides de Paray y joignent-ils l'idée de préfiguration de nos pains d'autel?

L'on pourrait en douter ; mais le pain sacrificiel en rondelles ou points-feux illuminant, qui est le PHOS des Chrétiens, leur *Pain de Lumière*, figure à l'encadrement des fenêtres et aux arceaux de leur Prieuré abbatial bénédictin ainsi qu'aux Croix surplombant tout Paray ; ils sont là, ces points-feux régénérateurs ; mais là comme le Bios des catholiques, leur Pain de Vie et d'Immortalité.

La Basilique de Paray

Déjà initiés par la rapide inspection de la façade de l'Hôtel de Ville, à la signification des caractères symboliques des monuments épigraphiques, il devient opportun de visiter maintenant l'antique Basilique Parodienne où les moines se sont plu à faire proclamer par les pierres, le *Règne Divin* à travers tous les âges, depuis le commencement du monde.

Commencé l'an 900, ce monument ne fut achevé, pour l'ornementation sculpturale, que de 1220 à 1240.

C'était après les grandes Assises de Jérusalem, dans le temps même où le Bienheureux Joachim de Flore finissait à Venise les splendides mosaïques de Saint-Marc.

Le pouvoir doctrinal papal bénédictin était à son apogée, et l'on voyait Blanche de Castille, saint Louis et toute la Cour de France honorer Cluny de leurs inoubliables séjours.

Paray connut les mêmes gloires, car il fallait traverser cette ville pour se rendre dans la vallée de la Loire, où des monuments subsistent encore (églises et hôpitaux), qui rappellent le passage du saint Roi.

Or, les moines qui avaient fait de Cluny une merveille incomparable, et qui concentraient leur génie à édifier des Temples dignes de la Majesté de l'Agneau-Roi dont ils avaient l'image pour Blason, revêtirent la Basilique Parodienne des marques impérissables de leur science universelle et de leur ferveur Eucharistique sans égale.

Les plus antiques traditions nous révèlent l'habitude des peuples de poser aux chapiteaux des Temples élevés en l'honneur de la Divinité les marques de Domination qu'ils tenaient de Dieu, comme pour lui en rendre de cette manière un permanent et perpétuel Hommage.

Ce fut, dès l'origine, par une feuille, une fleur, un animal symbolisant le berceau de chaque race Adamique, que le Genre Humain commença à blasonner, comme nous le faisons encore aujourd'hui.

La corbeille de lotus au chapiteau caractérisa ainsi dans l'Inde, l'Egypte et jusqu'au Temple de Salomon, tous les Temples dressés à *Isis, Clef maîtresse des Empires Orientaux.*

La corbeille chargée de fruits ou d'animaux au chapiteau, fut de tout temps le signe *d'Essus, Clef maîtresse des Empires d'Occident.*

Tandis que le chapiteau transatlantique fut

chargé de tous les signes astronomiques *d'Ichtos*, *Clef maîtresse des Empires trans-océaniques*.

Les anciens Patriarches connurent et respectèrent ces marques issues de la légende primitive sur la Lumière *d'Aor-Agni* et ne les laissèrent jamais se confondre.

D'âge en âge la religion les fit garder et en devint la tutrice.

Ce sont donc les preuves mêmes des origines célestes des berceaux de toute l'Humanité que l'Eglise de Paray se fait gloire de transmettre intacte au moment même où l'unité de leurs berceaux commence à s'éteindre dans la mémoire de tous les peuples.

Toutes les Enigmes sur les Clefs de Domination devant se préserver de confusion, les moines bénédictins les posèrent aux chapiteaux du prieuré abbatial où nous allons les consulter.

Le Porche servit pour y mettre l'Enigme de transition du PHOS *Lumière d'Aor*, au BIOS *Vie d'Agni*.

Deux faisceaux de colonnes y montrent (l'un à gauche) comment le *Fruit de Vie* (la Pomme Edénique) se conserve à l'instar du fruit en germe préservé des rayons du soleil par une série de productions végétales, avant qu'il ne mûrisse sous l'ardeur de ses rayons.

L'autre faisceau (à droite), l'arrivée des animaux et des hommes anxieux de s'ensoleiller.

Des lions dévorent des serpents, des tigres se lancent sur des hydres, des hommes, à demi nus, sont accroupis dans l'attitude de l'admiration muette devant la splendeur du Ciel.

La Porte d'entrée complète l'Enigme par les deux colonnes-maîtresses du Temple de Salomon, *Boz*, qui veut dire *Vie Naturelle*, et *Jakin*, qui veut dire : *Vie Surnaturelle*.

La bande semi-circulaire chargée de zigzags en forme de traînées d'éclairs, qui relie ces deux colonnes d'entrée, signifie *l'Arc-en-Ciel de Marie,* promise pour joindre la Vie Naturelle à la Vie Surnaturelle unies dans la Lumière de la Divinité.

Pénétrons par cette Porte triomphale et nous voilà dans le Sanctuaire de la Vie Divine.

La Très Sainte Trinité y est partout signifiée, à toutes les travées, ouvertures, ainsi qu'aux arceaux superposés.

Tout l'ensemble du monument présente à la face du Ciel un Christ-Géant, dont les pieds posent au seuil de l'entrée, dont le cœur a sa place au croisement des transepts, là où se trouvait autrefois le Maître-Autel, et dont la tête, formée par le Chœur, se trouve auréolée par le pourtour dit des « Anges » et rayonnée de dix colonnes représentant les premiers Patriarches fondateurs et exécuteurs du Pacte Adamique d'après les clauses Edéniques du Sacré-Cœur non incarné, mais dictant déjà les conditions de son Incarnation et de son Règne Divin.

Ce sont : Abel, Caïn, Seth, Henoch, Lamech, Ibl, Houbl, Thoubl, Kin et Nymhé.

Adam n'y figure pas ayant fait foi de tout le Genre Humain à la Venue de l'Agneau de par le Pacte Edénique.

Et ce sont les ornements mêmes des chapiteaux (fleurs et fruits gigantesques) qui nous présentent cette magistrale évocation.

Il s'imposait en effet d'immortaliser ainsi, dans l'éminente Basilique de Paray, les noms des dix premiers grands sacrificateurs ou Grands Prêtres de l'Humanité continuant ici, à travers les siècles, et jusqu'à la fin des Temps, leur immortel Hommage au Christ-Roi.

Du reste, la série se continue des Pontifes des anciens âges.

Dans les élargissements des voûtes latérales sont les signes équivalents des grandes maîtrises de Melchisedech et de Noë (le Pain et le Vin au Chapiteau *d'Aor*, le grand Dauphin au Chapiteau *d'Agni*).

Dans la basse-nef de l'Epître, après les chapiteaux de Noë et de la lignée d'Abraham, défilent les marques Orientales des religions séculaires déclinant de ferveur et de croyance mais gardant quand même les traces de l'*Agni* Roi des Mondes. On reconnaît le Soleil des soleils né d'*Aor-Agni* à l'Orient ; mais on y révèle aussi les monstres et les géants ; puis on passe à l'idolâtrie et de là au panthéisme et de transition en transition jusqu'au plus abject naturalisme.

Mais toujours en face de l'erreur se profile le rappel au *Dauphin-Sauveur*, comme l'ancre suprême de salut pour le monde Oriental du Soleil d'Agni, né d'Oannès-Dagon, le Dieu à tête d'homme et à queue de poisson.

La basse-nef de l'Evangile, après les chapiteaux de Melchisedech et du Gentilisme Eduen, nous renvoie aux Catacombes, avec les marques Eduennes d'Aor accrochées à de longues grappes de gui, pour dire le Druidisme Eduen converti au Val-d'Or par les Emissaires d'Ephèse, avec en face, l'Arianisme aux têtes de léopards.

Puis vient le Chapiteau Constantinien, en face des Aigles Romaines.

Puis arrivent les Conciles Œcuméniques, faisant face aux tigres accouplés des barbares et des Huns.

Puis le Saint Empire Romain de Charlemagne, faisant face aux lys de France.

Le siècle des mameluks, arrêté par les Croisades avec l'Agneau porté en triomphe.

Et nous finissons par le flabellum du bas Empire, ayant pour vis-à-vis le CACTUS de l'Islamisme, la Guzma aux pointes acérées.

Remontons *toute la Nef Centrale*, jusqu'au croisement des Transepts du Sanctuaire où se dressait autrefois le Maître-Autel et constatons que tous les chapiteaux y sont couverts des mêmes semis de palmes, rappel évident aux palmes de l'Entrée Triomphale du jour où le Messie Incarné fut acclamé Roi à Jérusalem. Sa divine Royauté datant cependant au moins de l'Eden, pour les enfants de Dieu, les conduit toujours triomphalement à l'Autel où réside sa Toute-Puissance.

Constatons en passant que si le Maître-Autel s'y voit, de nos temps, près des dix grandes colonnes patriarcales, il y a là sans doute une raison majeure. Ne dirait-on pas, à cet indice révélateur, que ce n'est plus le *Cœur* du Dieu-Roi qui souffre ; mais sa Tête plutôt qui peine là en voyant les *Erreurs mondiales* dominer sur les vraies *origines* sacro-saintes des berceaux de l'Humanité.

Tâchons pour soulager la Tête divine, de ne plus oublier le Pacte Edénique, ni les conditions primordiales d'où tous ces berceaux ainsi que le nôtre, ont reçu leur Religion et leur Foi pour en faire valoir le contrat devant Dieu et devant les hommes.

Les deux transepts sont l'image des deux bras du Christ-Géant étendu sur la Croix de l'Eglise pour embrasser le monde.

Ici aucune sculpture, il faut aller aux portes extérieures de ces deux transepts pour y découvrir les énergies de ces deux bras.

Au transept de l'Epître, vous découvrez que

la puissance de ce bras équivaut à la projection du *Tetramorphe* ou *des quatre animaux évangeliaires*. Tandis qu'au transept de l'Evangile, c'est la projection du bouquet du Sacré-Cœur éparpillant au vent ses soixante roses apostoliques, comme l'Epoux du Cantique des Cantiques, pour embraser la terre entière du feu sacré de sa Passion, indiquant que c'est par cette dernière porte que le Sacré-Cœur est parti pour écraser la tête de ses Ennemis...

Le Sanctuaire de la Visitation

Le monde ayant dédaigné les Promesses miséricordieuses de 1689, l'Ere des Justices est arrivée, et deux siècles ont balayé au vent les ennemis de la dévotion princière au Sacré-Cœur.

La modeste fleur des champs, la Marguerite Charollaise a entendu, pour nous les transmettre, les messages du *Divin Amour*.

La chapelle où lui furent confiés les secrets de l'*Ordre social et d'Etat* dont les générations avaient perdu toute souvenance, en méconnaissant les Hauts-Mystères d'*Aor*, d'*Agni* et d'*Ichtos*, symboles présidant à la distribution mondiale des couronnes et des sceptres, cette chapelle est la même qui, restaurée en 1873, se trouve au centre du Val d'Or Eduen.

De quels signes symboliques est-elle couverte? Quelles marques d'Exaltation universelle allons-nous rencontrer pour nous avertir de l'Immanente Justice et de la rigueur inévitable des décrets, qui sont partis de là pour réveiller le monde entier?

A la façade ornée pour les grands Pèlerinages

de 1873, nous voyons aux créneaux sculptés à droite comme à gauche un *bouton fermé* de plante quelconque, puis un *bouton épanoui en fleur*, puis un bœuf faisant face à un autre animal accroupi ; puis deux petites têtes de guerriers, puis un Roi faisant face à un Pontife.

Ce n'est que de là, échelon par échelon, que nous atteignons au Sacré-Cœur, au-dessus duquel plane la Croix Bénédictine au cercle enflammé de points-feux d'Aor-Agni.

N'est-ce point la récapitulation des Hommages à rendre au Christ-Roi par la nature animée et animante, et par l'ordre social et politique tout entier ?

Or, au-dessus du portail, voici la sainte Cène représentée au moment où saint Jean s'appuie sur le Cœur du Maître pour en écouter les battements.

A gauche de la façade, voici l'adjonction pour les Pèlerinages de 1900 ; quatre signes s'y trouvent qui en complètent l'admonestation ; ce sont les signes celtes devenus romans et chiffrés ainsi qu'il suit :

Un M majuscule pour dire : Marie.

Un lys, d'où émerge la Pomme Edénique pour dire que son divin Fils détient la *Clef* maîtresse de tout pouvoir sur terre comme au Ciel.

Une conque perlière soutenue par deux volutes ouvertes pour dire la fécondité de cette perle : JESUS, ESSUS.

Et enfin les deux volutes fermées sur elles-mêmes § § pour dire le grand mystère des Eduens, l'*Isis* de Romay qui le dévoile de tous temps.

Reprenant le tout, nous lisons :

Marie, lys d'où émerge le Plein Pouvoir de la Perle des Mondes, Jésus, Essus, fruit de l'Isis Eduenne de Romay, vous présente ce sanctuaire pour y porter vos hommages en vue de l'*Instauration de l'Ordre Mondial* chrétien, tel que le Sacré-Cœur l'a manifesté en cette Chapelle, après vous en avoir fait décliner tous les titres glorieux aux chapiteaux de la Basilique et à l'Hôtel de Ville de Paray posés pour les Serments au Mystère de mon *Immaculée Conception, dont le Val d'Or Eduen est resté la terre d'apanage dès l'aube des temps.*

Certes ! voilà le seul en-tête qui convenait au lieu mondial où le Christ-Hostie, Roi, a prononcé son *Væ Victis* aux nations vaincues par le travail et le génie de Satan et de ses séides.

Ceci compris, le Seigneur des Seigneurs veut bien nous permettre de jeter un regard sommaire sur ce qu'il entend par l'*Arcane social et d'Etat* de son Sacré-Cœur ; puisque de la méconnaissance de cet Arcane, suprême entre tous, dépendent les guerres, les meurtres et les discordes.

Pour que le Monde soit sauvé, il faut que

l'ornementation de cette Chapelle élevée pour manifester les volontés dernières de l'Agneau Hostie Dominateur, nous édicte en quelque sorte les signes plénipotentiaires en vertu desquels le Cœur Divin Immolé règne, gouverne et commande, et desquels découlent la « Paix des Nations » ainsi que « l'Ecrasement de l'Empire de Satan pour effectuer le triomphe de la Sainte Eglise » ; paroles textuelles de son programme de 1689 d'Instauration Universelle-Internationale.

Un regard circulaire inspectant un à un les chapiteaux, depuis la porte d'entrée jusqu'à l'arc triomphal du Chœur, découvre aussitôt qu'un *seul signe*, celui de la *Pomme Edénique*, en fait tout le tour du carré.

Les rinceaux de feuillages et les volutes de points-feux ont-ils à peine voilé tout d'abord le précieux *fruit en germe*, qu'aux chapiteaux suivants on voit bientôt le *fruit en fleur*, puis la Pomme *d'Or* éclater de toutes parts, malgré les enroulements du serpent cherchant à s'en emparer.

Le Chœur est chargé d'enroulements et de volutes qui font valoir comme dans un écrin symbolique les mille pétales et les pistils volant en tous sens des fruits par trop mûrs de la pomme d'Eve et d'Adam.

Le Maître-Autel, du haut en bas, donne clairement la solution de l'Enigme.

Du sol, semblent sourdre, toutes petites, les branches de l'*Arbre de Vie et d'Immortalité*.

Elles enlacent et étreignent l'Ancre de l'Espérance, la Piscine de la Foi et le Pélican de la Charité.

De chaque côté du Tabernacle, deux maîtresses branches surgissent et font voir leur puissance de fécondité sous forme de roses et de lys dont les corolles produisent des fruits de toutes les saveurs et qualités : Pommes, raisins, ananas, dattes, limons et bananes, comme aucun de nos jardins n'est capable d'en produire.

Toute la sève entière des mondes semble les avoir fait pousser de la même souche, et s'être réunie dans ces *fleurs magiques*, dont toute la Nature, sauf en l'Eden, ne peut faire distiller les espèces.

Leurs aromes s'évident vers la Porte du Tabernacle où l'*Agneau-vainqueur* est debout, nimbé comme dans l'*Apocalypse*, levant l'étendard de la céleste Jérusalem, et portant au-dessous de Lui les lettres *Alpha* et *Oméga* pour dire : *Je suis le commencement et la fin de toutes choses.*

Au-dessus de la Porte comme signe impérial de sa souveraineté, luit le Saint-Graal accosté de deux colombes, dans l'attitude de dégager des étreintes du Maudit Serpent, la coupe vitale

Edénique qu'il a déjà enlacée pour la violer de rechef.

Ce simple exposé ne suffit-il pas pour nous convaincre que le Tréfonds de l'*Ordre social et d'État* ne s'engage, à travers toute l'Histoire du Genre Humain, que sur le signe de la Pomme Edénique. Ce signe est par conséquent celui qui domine tous les autres. Pourquoi ne l'emploie-t-on plus dans le sens de l'*Universelle Domination de l'Agneau-Roi*, tandis que toute l'antiquité croyante le connut et le réserva dans ce seul sens. Il mène à l'Arbre de Vie et d'Immortalité, à l'Autel et au Tabernacle des Tabernacles de la Jérusalem d'En-Haut, et donne à boire au sang de gloire du Saint-Graal, dans la coupe triomphante dont Adam se servit à offrir les libations Edéniques...

Telle est donc la plus haute Libation que le cœur de l'homme puisse faire au cœur de Dieu pour le contenter, car, au-dessus du signe Impérial de l'Agneau, Hostie-Roi, il n'y a plus rien, sauf la bénédiction éternelle du Père et du Saint-Esprit sur le précieux sang de l'Agneau dans les Béatitudes sans fin...

* * *

Pour les connaisseurs en cosmoglyphie nous ajouterons un seul mot :

Les linéaments peints aux voussures latérales récemment décorées portent les signes de l'engendrement de la *Lumière*, de la *Vie* et du *Feu-sacre* correspondant aux autels de Sainte Madeleine la Voyante, de Lazare le Ressuscité et de Saint Joseph le Gardien en chef des mystères du Saint-Graal.

Il serait trop long de détailler ici les énigmes sapientiaux absolument mis à jour. On dirait que Notre-Seigneur ordonne de lever le bandeau apposé sur les yeux de la science moderne, folle vraiment pour ce qui concerne les vraies origines, ces origines qui font la splendeur du Cosmos, de la Terre et du Soleil.

Paray est donc le Lieu Saint, unique sur la terre, dont les monuments décrivent tous les cycles des vraies *Légendes*, des vraies *Traditions*, de la *Vraie Histoire Universelle*.

De nulle part ailleurs on ne peut comme ici faire resurgir l'Histoire générale et complète du Genre humain, faire resplendir la filière ininterrompue des vraies Légendes traditionnelles et montrer triomphalement la suprématie universelle du Sacré-Cœur.

C'est la Nouvelle Jérusalem, d'après tous les Prophètes ; elle fut, elle seule au monde, bâtie à chaux et à sable pour cela, afin d'être, aux derniers temps, le Phare éblouissant dont aucun ouragan ne peut éteindre la Lumière sacrée.

LE HIÉRON

Il semble que l'inspection de l'Hôtel de Ville
et les visites à la Basilique et au Sanctuaire du
Sacré-Cœur aient épuisé pour le pieux Pèlerin
la source de toutes les jouissances de l'esprit et
du cœur.

Cependant, Paray nous garde encore une édification d'un ordre à part dont il est bon de
profiter.

Voici, comme en réminiscence du Grand
Temple-Palais historique qui jadis eut son
siège Eduen au Val d'Or, la Nouvelle Ecole du
Hiéron, où les représentants de toutes les contrées du Monde pourront venir, en même
temps que s'initier au Règne Social Eucharistique de Notre-Seigneur, reconnaître, pour en
discuter hautement, l'Unité Edénique de leurs
plus anciennes Traditions. Les savants pourront là également, à la Lumière des Vérités
Eucharistiques, et au contrôle des preuves hié-
ratiques ici amoncelées, redonner à toutes les

sciences modernes l'essor vers le Créateur souverain dont elles émanent.

Il était juste que le Vœu National élevât sur les hauteurs de Montmartre les Dômes Orientaux de son insigne Basilique ; toutefois, Paray, la Capitale du Règne du Sacré-Cœur, méritait d'avoir un monument spécial pour la Conservation et pour la Divulgation des gestes Eucharistiques effectués à travers les âges, et dont la vue laissât dans l'esprit des visiteurs une impression durable.

Extérieurement, le Dôme et les colonnes annoncent un *Temple*, le perron et les portes disent un *Palais;* mais l'inscription du Frontispice : A JÉSUS HOSTIE, ROI, met fin à toute hésitation.

Franchissons-en donc les degrés ; que voyons-nous ?

A droite et à gauche de l'entrée, gravées en lettres d'or sur des Tables de marbre, des Inscriptions portant les Titres de l'*Institut des Fastes Eucharistiques*, et tous les *Privilèges Pontificaux* accordés à cette Œuvre éminente.

Un large vestibule orné de chefs-d'œuvre des plus grands Maîtres : Des colonnes de Carrare soutenant des Tabernacles Antiques des Ecoles de Donatello et de Bramante, ou signés Orcagna et Philibert Delorme.

Devant nous, trois portes monumentales en chêne ; celle de droite nous conduit dans une

vaste galerie qui porte à l'intérieur cette inscription :

RÈGNE INTELLECTUEL DU CHRIST-HOSTIE

En effet, les parois sont ornées de tableaux
représentant tous les Docteurs, tous les Pontifes, tous les Chefs d'Ordre qui ont exalté la
divine Eucharistie.

Une journée entière ne suffirait pas à étudier
sommairement tous les sujets exposés dans cette
salle, et déjà nous parvenons à une autre galerie qui porte ce titre :

RÈGNE THAUMATURGIQUE DU CHRIST

Là sont réunis les images et les tableaux rappelant tous les miracles Eucharistiques opérés
dans le monde.

Des cartes monumentales sont dressées de
ces miracles, comme des principales victoires
gagnées par le Christ dans toute l'Europe, mais
particulièrement dans *notre Occident.*

Des jours et des semaines ne suffiraient pas
pour noter toutes les merveilles exposées dans
cette salle.

Tout au fond, précédée de deux élégantes
colonnes, une place est réservée qui nous présente, au-dessus d'un autel doré rappelant le
style de celui qui fut sanctifié par les appa-
ritions de Notre-Seigneur à la Bienheureuse

Marguerite-Marie, une belle peinture du Sacré-Cœur tenant le Sceptre Royal.

Un peu en avant, voici un relief en terre cuite de la montagne de *Solutré* avec, aux quatre coins, des miniatures nous montrant les sacrifices patriarcaux-druidiques accomplis sans interruption sur cette montagne, aux quatre grandes périodes pré-historiques.

Voici maintenant la *Salle des Pactes* ; tous ses tableaux représentent les Pactes des plus illustres personnages avec Notre-Seigneur.

Puis la *Salle des Hommages,* tout ornée des Hommages les plus mémorables rendus au Christ-Hostie.

Enfin, voici sous le Dôme du monument, *l'Aula Fastorum*, la grande salle des réunions de l'Institut des Fastes Eucharistiques.

Ornée des portraits des hommes illustres qui ont proclamé comme Chefs d'Etat, la Royauté du Christ :

Constantin, Clovis, Charlemagne, saint Louis, Christophe Colomb, Jeanne d'Arc, Pascal Cigogna, Garcia Moreno ;

Décorée des blasons et pavoisée des drapeaux de toutes les Nations vouées au Sacré-Cœur, cette Salle pourrait aussi bien s'appeler *Salle des Nations*, car ils sont inoubliables les groupes d'hommes de tous les pays du monde qui ont entonné là, dans un saint enthousiasme, les louanges de l'*Agneau Roi.*

Tel est le Monument dont une visite quoique rapide laisse, même aux esprits méfiants, une impression profonde.

Toutefois, l'Ecole du Hiéron, outre les tableaux et les livres relatant l'histoire de l'Hostie que nous venons de citer, amasse une quantité d'autres preuves monumentales tirées de l'archéologie antédiluvienne, prémessianique et polyglotte, pour fixer les traditions-mères qui depuis l'Eden ont fait l'unité des mêmes lois ethniques chez tous les peuples du globe.

La géologie y figure avec ses lois cosmogéniques ; la paléontologie avec les règles de ses failles ou cassures du sol et ses fossiles ou vestiges des six grands jours génésiaques d'avant la création de l'homme.

La paléologie y vient avec son outillage en silex, pierre, fer, bronze et l'amas de ses pierres taillées protographiques ; la dérivation des langues d'une seule souche de symboles et de figures archéennes et acrologiques y atteste les provenances de la croyance universelle aux quatre conditions du Pacte Edénique.

L'origine et l'Histoire des Mondes concordent avec l'origine et l'histoire du langage humain pour démontrer ici *l'Unité Providentielle du Plan Divin de la Création*, en vue de l'Exaltation du Verbe-Hostie principe et fin de toute l'Ordonnance magistrale du Cosmos, et de tout ce qu'il contient en fait d'êtres, de forces.

de matières, de génies et d'œuvres de toute espèce.

Pour les Pèlerins favorisés de plus de liberté et de plus de temps, la Bibliothèque Eucharistique et les magnifiques collections scientifiques du Hiéron présentent d'incomparables attraits et des surprises sans nombre qui leur feront estimer à leur juste valeur les Arcanes de la Lumière, de la Vie et de la Toute-Puissance du Sacré-Cœur.

Voir le Guide scientifique intitulé « *Le Hiéron du Val d'Or* », par M. Félix de Rosnay, en vente à l'Entrée.

ÉPILOGUE

Une tâche herculéenne reste à accomplir pour
sauver l'énorme masse des hommes qui, ne pouvant résister aux entraînements des Erreurs
mondiales, à la suite des Vierges folles, des
hérésies et des sectes qui conduisent le monde
aux gémonies, ne savent comment discerner les
bonnes Lumières des mauvaises, ni où trouver
les Vierges sages du Catholicisme, dont le flambeau s'est peu à peu voilé d'un bandeau.

Jadis, les Vierges sages, comme les sublimes
sibylles gardiennes des vérités révélées, étaient
seules reconnaissables au crêpe blanc, aux vêtements argentés et à la lampe diaphane.

Les Vierges folles, les ignobles sorcières, sou-
teneuses des Erreurs diaboliques, avaient le
crêpe noir, tous les vêtements couleur de suie
et leur lanterne recouverte d'un drap mortuaire
semé de crânes et de langues de feu.

Jadis aussi, pour dire un mage, un druide, un
savant de grande portée, un sacerdote, un pontife, un gardien assermenté des connaissances

acquises de toute l'humanité, l'on disait : « *Le Blanc* », car le blanc fut partout la couleur affectée aux vêtements des grands serviteurs de la Sagesse.

Le *noir* était réservé aux meurtriers, aux parjures et aux homicides, le *rouge* aux condamnés, le *jaune* aux princes et aux héros de l'Agneau et de la Vierge devant enfanter. C'est pourquoi le Messie reçut la robe blanche alors même qu'on le traitait d'insensé.

La langue des couleurs a changé et les peuples s'y sont laissé prendre ; ce qu'ils observent, vêtu de blanc, préconisant *les Erreurs* et sectes *diaboliques* qui ont la lanterne magique blanche ouverte sans aucun voile, ils le prennent pour venant des *sibylles* et des MAGES d'Orient et d'Occident.

Ce qu'ils trouvent *vêtu de noir*, gardant les *Légendes vraies* et les *Traditions divines*, mais qui ont la lampe *fermée*, voilée de *crêpe noir*, ils le supposent provenir des sorcières, des jongleurs, des bateleurs et des forfaitures de Satan.

L'Orientation des Elites et des Maîtrises, à ce propos, est à refaire ; il faut nécessairement se mettre à l'œuvre pour qu'elles regardent le *jour* où il est et la nuit d'où elle vient. Il faut leur expliquer les *Enigmes,* les *Mystères* et les *Arcanes* provenant des deux Cités, du Bien et du Mal de toute l'Antiquité ; leur démontrer *par a plus b*, depuis l'*Alpha* jusqu'à l'*Omega*, leur filiation et leur provenance stricte du Pacte Edénique.

L'on raconte que, lorsque les troupes prussiennes firent leur entrée à Paris en 1871, débouchant en deux colonnes de trente mille hommes, par les Champs-Elysées, sur la place de la Concorde, elles furent saisies par un geste éloquent qui les frappa de stupeur.

Toutes les *Villes* de France dont les statues montent la garde autour de l'Obélisque de Louqsor avaient reçu d'une main inconnue un crêpe noir qui leur couvrait le visage comme pour ne pas s'indigner à la vue de l'entrée de l'ennemi.

Il se pourrait que ce geste du crêpe noir ait été, depuis le xiiie siècle de notre Ere, mis au front des Vierges sages, pour ne pas accuser leur angoisse à la vue des incursions des belluaires du Démon, et cela depuis l'entrée de ses séides dans l'enceinte du Val d'Or qui s'appelle l'Europe.

Ce n'est pas, en effet, en deux colonnes de trente mille hommes que débouchèrent les forces réunies de la Guzma, ou guerre sainte des Infidèles, des renégats légistes de la Sainte Vehme et des apostats sacramentaires de la Kabale, sur toutes les plaines envahies d'Europe ; mais exactement par six colonnes, chacune de trente millions d'hommes, échelonnées siècle par siècle depuis l'Accise Impériale Talmudique tombée sur la Lombardie, en vertu des Assises de Roucaglia, jusqu'aux Assises de Westphalie qui étendirent l'Accise, c'est-à-dire l'impôt et le rapt des biens communs attenant à nos églises, jusqu'à la spoliation, au monde catholique tout entier.

Le résultat de cette immense invasion de trois cent soixante millions de *Kabalistes* sur les *berceaux* chrétiens du monde Européen a changé de fond en comble l'orientation des masses catholiques et totalement désorienté leurs élites et leurs maîtrises.

Que leurs colonnes, anxieuses de reprendre pied, se massent donc autour du Labarum Eduen, ou du Sacré-Cœur Edénique, partout où elles le pourront ; rien de mieux. Mais qu'elles ne croient pas pour cela avoir gagné de bataille rangée, même à l'ombre de ce Labarum, pour l'avoir promené à travers tous les grands *Pardons* des sanctuaires les plus célèbres de la terre entière.

Leur victoire n'aura pas lieu de sitôt. Qu'elles n'entonnent pas encore de longtemps les Cantiques des Triomphateurs. Un labeur préliminaire demandera beaucoup d'attention, de patience et de veilles, le labeur de leur marteler dans le cerveau les *signes glyptiques* de la Souveraineté d'Aor, d'Agni et d'Ichtos.

Pour mettre au pommeau de leur glaive ou à

la garde de leur épée, comme les chefs Eduens
le firent pour les Gaulois, rien que la *Pomme
Edénique*, que de temps nous faudra-t-il, grand
Dieu ! Et jusqu'à ce qu'ils ciment leurs étendards du sigle du Saint-Graal, comme le firent
les chevaliers Constantiniens, ceux de Bozon et
de Pelage, ô Sacré-Cœur, combien d'années ?

Paray, cité privilégiée entre toutes, pour ce
labeur fécond entre tous, élève tes *signes*, tes
blasons et tes *arcanes* vers le Ciel des Cieux.
Un jour, des Mages venus de toutes les capi-
tales des îles les plus éloignées, des continents
aujourd'hui fermés aux sigles de l'Agneau-Roi,
s'assiéront tranquilles sous tes portiques et
s'extasieront devant toi !

Tu seras couronnée de Temples splendides,
couverte de trophées, ruisselante des splen-
deurs apocalyptiques, comme jamais aucun lieu
n'en connut !

Travaille sans peur ni reproche à dresser
auprès du phare éblouissant de tes chefs-d'œuvre
épigraphiques, la Forteresse imprenable, la
Tour de tes Fastes Régénérateurs élevée sur les
pierres de la Fille de Sion, qui disent l'exacte
histoire de toutes les générations.

Toutes les Villes assises sur les fondements
granitiques de la Foi et qui relèvent du *génie*
de tes Gnomes, gardiens incorruptibles des
secrets Divins enfouis dans les entrailles de la

terre, te salueront et te reconnaîtront leur Libératrice !

Elles n'auront plus alors de crêpe lugubre posé sur leur visage ni à leur flambeau. Leur lampe à la main, brillantes des clartés angéliques, ces Vierges sages, de la Sagesse antique, emprunteront des flammes célestes à ton impérissable *Feu-sacré*.

MUSÉE EUCHARISTIQUE

INTRODUCTION

Pieux Pèlerins venus à Paray-le-Monial offrir vos Hommages au Sacré-Cœur, que la grâce divine vous accompagne dans votre visite à ce nouveau Temple-Palais des Fastes de l'Agneau-Roi.

Si cet édifice d'architecture élégante et mystique vous étonne, si son titre de *Hiéron* évoque en vous de lointains souvenirs, demandez-en les raisons aux publications qui le décrivent (1), elles vous expliqueront le symbolisme des pierres et vous révèleront l'esprit de cette Œuvre unique au monde, car elle est une

(1) En voir la liste à la fin du présent opuscule.

réponse aux demandes du Cœur de notre Dieu.

Ces pages-ci s'adressent aux pèlerins étrangers qui, passant dans la Cité du Divin Règne un temps limité, ne peuvent donner à ce monument qu'une visite très rapide.

Le mot grec *Hiéron* signifie enceinte consacrée à la Divinité.

Dans l'antiquité, les Hiérons étaient les Temples-Palais où les sages (amphyctions) élaboraient des lois ou proclamaient des sentences au nom du Droit divin, pour maintenir la Paix des nations. On y accumulait des *ex-voto* et des chefs-d'œuvre de toutes sortes en vue de rendre propice la Divinité.

Dans le Temple-Palais des Fastes du Sacré-Cœur — pour réparer les erreurs historiques commises contre la souveraineté de l'Agneau, — des études se poursuivent qui, en projetant sur les sciences modernes des lumières éclatantes, préparent l'Exaltation de l'Eglise et le Triomphe du Cœur de Jésus.

C'est donc à bon droit que rayonne au frontispice de ce monument le mot Hiéron.

VESTIBULE

Deux inscriptions gravées sur des Tables de marbre blanc, placées à droite et à gauche de l'entrée, font connaître dès l'abord l'*Institut des Fastes Eucharistiques* siégeant au Hiéron, et les Faveurs Pontificales accordées à cet Institut dont le but suprême est :

Le Règne Social de Notre-Seigneur.

Le mot *Salve* qui se lit dans la Mosaïque du Vestibule est le salut aux visiteurs ; puisse ce salut être rendu par eux à l'image vénérable de Notre-Dame de Romay placée à droite de l'entrée ; elle est Reine de Céans comme elle est Reine de Paray, Reine du Val d'Or, Reine du Ciel.

Le tableau placé au-dessus de cette antique Madone révèle sa fastueuse Histoire et celle de Paray-Romay :

Légende du Feu.
Tradition de Paray.

Il n'est pas une ville au monde qui puisse, comme Paray, et sur des documents certains, renouer une si complète et antique tradition.

Telles les villes de l'Ancien Testament dont la Bible nous conserve l'histoire, Paray et Romay sont immortalisées dans les Fastes de la Nouvelle Alliance.

Le second tableau vient comme corollaire du premier :

La nouvelle Ephèse.

Quiconque a vu les grandes manifestations internationales à Paray, en l'honneur du Sacré-Cœur, comprend et reconnaît ce titre et cette image : *La Nouvelle Ephèse.*

Le inaï de l'Eucharistie.

Dans son inoubliable discours d'ouverture au Congrès Eucharistique de Paray (1897), S. E. le Cardinal Perraud, en nous montrant Paray comme le *Buisson ardent* d'où nous recevons les divins oracles, ne sanctionne-t-il pas cet autre titre :

Le Sinaï de l'Eucharistie ?

Aux temps Bibliques le Sinaï donna aux Hébreux le *Décalogue* ; aux temps Evangéliques Paray donne au monde les Demandes et les Promesses du Sacré-Cœur.

———

« Je régnerai malgré mes ennemis, » a dit Notre-Seigneur à la Bienheureuse Marguerite-Marie. Voici le Temple-Palais où sont démontrées toutes les évidences du Règne Social du Christ-Hostie.

———

Règne intellectuel du Christ-Hostie

SALLE DES DOCTEURS

(Panneau d'entrée, à droite.)

Saint Jean-Baptiste.

« Voici l'Agneau de Dieu !
« Voici Celui qui efface les péchés du monde ! »
En baptisant Notre-Seigneur et proclamant sa Divinité,
saint Jean-Baptiste en annonce le divin Règne.

La Cène des Apôtres.

Ce sujet est toujours l'immortelle apothéose du Règne Eucharistique de Notre-Seigneur.

Ici les convives sont groupés trois par trois, comme dans la Cène de Léonard de Vinci ; Jésus bénit de la main droite avec grande majesté les pains, la main gauche largement appuyée sur son cœur débordant d'amour.

(Sur toile, 2 m. 10 sur 1 mètre.)

Cène d'Emmaüs.

N° 2. — Par *Le Tiépolo*.

N° 85. — Par *Ciro Ferri*.

N° 104. — *Ecole de Venise*.

Ces toiles de grand mérite représentent Notre-Seigneur se faisant reconnaître après sa Résurrection, à la « Fraction du Pain. »

On remarquera les diverses expressions de respect et d'admiration des deux disciples devant le mystère Eucharistique renouvelé par Jésus lui-même ; les artistes ont reproduit ce sujet selon leurs impressions particulières.

N° 28. — Communion de saint Onuphre.

Imitateur de saint Jean-Baptiste dans le désert, saint Onuphre, l'un des illustres solitaires de la Thébaïde au IVᵉ siècle, par la perfection de vie à laquelle il arriva, rendit un éclatant hommage au divin Règne de Notre-Seigneur.

(Sur toile, 0 m. 80 sur 1 m. 90.)

Communion de saint Jérôme.

Les grandes victoires que ce Saint remporta sur ses passions ne sont-elles pas à la gloire de Jésus-Hostie ?

N° 16. — Saint Nicolas, évêque de Myre.

Ce tableau représente le Saint lorsqu'il ressuscite les enfants qu'un infâme boucher avait coupés en morceaux pour les vendre avec d'autre viande.

De qui saint Nicolas tenait-il la puissance de ressusciter ces enfants sinon de Celui qui avait dit à Lazare : « Sors du tombeau ! »

(Panneau de gauche.)

N° 48. — **Notre-Seigneur communiant miraculeusement les Martyrs.**

Original du *Padouan* (Alex. Varotari) 1590-1650.

Les Martyrs, liés au pilier d'un cachot obscur, sont visités par Jésus-Christ qui les communie de sa main. — C'est un fait qu'on trouve plusieurs fois rapporté dans les actes des Martyrs des premiers siècles.

Si douze millions d'hommes eurent la force de supporter les tourments des plus cruelles persécutions il faut l'attribuer à Jésus-Hostie qui par eux vainquit le monde.

(Sur toile, 1 m. 60 sur 1 m. 22.)

N° 7. — **L'Invocation de saint Augustin,**

Evêque d'Hippone (IVe siècle).

Attribué à *Bernardin de Luini.*

Le Saint au type africain est représenté bénissant, tandis qu'un ange lui apporte un missel et des burettes. Sa grande action dans l'Eglise et dans le monde peut être justement attribuée à la divine Eucharistie.

(Sur toile, 1 m. 95 sur 1 m. 30.)

Le Corporal miraculeux de saint Grégoire.

D'après *Sacchi.*

Des ambassadeurs étrangers étant venus à Rome supplier le Pape de leur donner des reliques, le Pontife leur donna un Corporal.

Comme ils se plaignirent de n'emporter qu'une étoffe, le Saint prit le linge sacré, le piqua d'un couteau en présence du peuple, et il en sortit du sang.

(Sur toile, 0 m. 91 sur 1 m. 30.)

N° 53. — **Miraculeuse élection de saint Ambroise,**

EVÈQUE DE MILAN (ive siècle).

Original de *Camoncini.*

Pendant la célébration du saint Sacrifice de la Messe, et en présence du Chapitre assemblé, un ange pose la mitre sur la tète de saint Ambroise, tandis le peuple l'acclame.

Plus tard, au nom de la Royauté souveraine du Christ, saint Ambroise fit prosterner l'empereur Théodose dépouillé de son sceptre et de sa couronne, sur le parvis de la cathédrale de Milan, pour lui faire confesser son crime (le massacre des habitants de Thessalonique) et implorer la clémence du Divin Roi.

(Sur toile, 0 m. 27 de large.)

Sainte Claire.

Fondatrice des Religieuses qui portent son nom. Elle repousse, par le Saint-Sacrement, les Sarrazins qui menaçaient d'envahir son monastère. C'est pourquoi elle tient à la main une monstrance.

(Sur toile, 0 m. 70 sur 0 m. 85.)

Nᵒ 160. — Saint François de Paule guérissant un enfant.

(xvᵉ siècle.)

Ce fut lui qui donna à ses religieux le nom de Minimes et que Louis XI appela à son lit de mort pour obtenir par son intercession l'apaisement des remords dont sa conscience était tourmentée.

Par ses grandes austérités et la perfection à laquelle il atteignit, saint François de Paule représente, pour le Règne du Christ, le triomphe de la grâce sur la nature humaine.

N° 98. — Saint Norbert.

Par *Le Bronzino*.

Le saint Fondateur des Prémontrés, revêtu d'une chasuble, porte un calice surmonté d'une Hostie, en souvenir des Hosties de Bréda recueillies par lui.

Trois Saints Franciscains adorant le Saint-Sacrement.

Saint François d'Assise, saint Antoine de Padoue et saint Bonaventure consacrant leur vie à l'exaltation de la Royauté Eucharistique.

N° 8. — Saint Thomas d'Aquin.

(*Ecole de Florence.*)

Le Saint est représenté en Docteur, le Soleil sur la poitrine pour marquer l'éclat de son génie. Un ange lui montre l'Hostie comme pour le décider à écrire l'Office immortel du Saint-Sacrement.

(Sur cuivre, 0 m. 30 sur 1 m. 40 de haut.)

N° 13. — **La Messe de saint Grégoire.**

De *Canuti* (Dominique-Marie, élève du Guide.)
Bologne, 1620-1624.

Grâce à la Royauté Eucharistique, un enfant est sauvé du Purgatoire pendant la Messe du Souverain Pontife.

(Sur toile, 1 m. 25 sur 0 m. 51.)

N° 102. — **Saint Vincent Ferrier.**

Original de *Luc de Leyde.*

Un enfant mort-né est présenté dans un bassin par les parents agenouillés devant le saint Thaumaturge debout en prières à l'entrée d'une église. Pour indiquer la ferveur de sa prière, le Saint, les mains jointes, est figuré avec deux ailes repliées sur le dos verticalement et avec un globe de flamme sur la tête. L'enfant ressuscite à mesure que l'oraison s'élève devant le saint Tabernacle.

(Sur cuivre, 1 m. 32 sur 1 m. 48.)

N° 71. — **Docteurs de l'Eglise devant le Saint-Sacrement.**

Esquisse de *Scarsellino,* de Ferrare

Les Docteurs écrivent sur leurs rouleaux de parchemin en regardant l'Eucharistie pour y chercher l'inspiration divine.

(Sur toile, 1 m. 36 sur 0 m. 36.)

N° 6. — **Condamnation de Bérenger.**
Par *Carlo Dolce.*

L'hérésiarque ayant attaqué le dogme fondamental de l'Eucharistie, toute l'Eglise se leva pour le défendre.

Un pape, un cardinal, un archevêque et un évêque sont représentés déposant avec respect les livres de la défense aux pieds de l'Hostie.

(Sur toile, 2 m. 30 sur 1 m. 20.)

N° 21. — **Saint Philippe de Néri.**
Attribué à *Guido Reni.*

Cette magnifique toile est une des plus belles de la galerie.

Un servant soutient le pieux Fondateur de l'Oratoire qui est ravi en extase pendant le saint Sacrifice. Il fut un des grands restaurateurs du Culte Eucharistique au XVIe siècle.

(Sur toile, 0 m. 70 sur 0 m. 97.)

N° 157. — **Communion de saint Norbert par les Anges.**
Grisaille originale de *Van Eyck* pour son tableau à Anvers.

(Sur bois.)

N° 156. — **Saint Charles Borromée.**

A l'imitation du divin Roi, le saint Archevêque de Milan offre sa vie pour obtenir la cessation de la peste qui ravage son diocèse.

(Sur cuir gauffré.)

Nº 182. — **Saint Bernard, abbé de Clairvaux.**
(xiiᵉ siècle.)

Ce tableau représente le Saint en extase au moment où la Sainte Vierge le guérit d'une maladie des yeux.

La vie et les œuvres immortelles de saint Bernard le mettent au rang des Saints qui ont le plus travaillé à la gloire de l'adorable Eucharistie.

(Sur bois, 0 m. 80 sur 0 m. 25.)

Nº 161. — **Saint Pascal Baylon.**
(xviᵉ siècle.)

Ce tableau représente une extase du saint berger Aragonais devenu franciscain et que S. S. Léon XIII a nommé Patron des Œuvres Eucharistiques, à cause du zèle infini qu'il manifesta pour l'adorable Sacrement de l'Autel.

Nº 60. — **Saint Charles Borromée.**
(*Ecole Italienne.*)

Le Saint est ici représenté dans une prière ardente, au pied du Tabernacle.

(Sur bois, 0 m. 32 sur 0 m. 38.)

Nº 88. — **Portrait d'Urbain IV.**
(Peinture Italienne du xviiiᵉ siècle.)

Ce Pape fut le promulgateur de la Fête-Dieu qui est triomphe du Roi-Hostie.

(Sur toile, 0 m. 75 sur 0 m. 80.)

N° 158. — **Saint Antoine de Padoue.**

(xiiie siècle.)

(*Ecole Bolonaise.*)

Le Saint, tout jeune encore, n'a de regards que pour l'Hostie.

N° 38. — **Adoration du Saint-Sacrement par les Chérubins.**

(*Ecole Espagnole* du xviie siècle.)

Le Saint-Sacrement dans un ostensoir très riche est entouré de têtes de chérubins. De chaque côté, des Anges adorateurs.

Œuvre d'un artiste dévoué à l'Eucharistie.

(Sur toile, 0 m. 65 de haut.)

N° 81. — **Saint Benoît, patriarche des moines d'Occident.**

(vie siècle.)

(Esquisse attribuée au *Tiépolo*.)

Un ange montre à saint Benoît le Saint-Sacrement entouré de lumière. C'est du Tabernacle que saint Benoît reçoit l'inspiration de fonder le grand Ordre qui sauvegardera les sciences aux temps barbares, et qui toujours entourera l'Eucharistie des plus grands hommages.

(Sur toile, 0 m. 29 sur 0 m. 41.)

N° 109. — **La Vision de sainte Thérèse**

(*Ecole de Barcelone*, signé ACF. — 1601.)

Saint Pierre d'Alcantara, son confesseur, communie sainte Thérèse lorsqu'elle voit ses deux protecteurs, saint François d'Assise vêtu en Diacre et saint Antoine de Padoue en Sous-Diacre à la Messe.

Ce fait a eu lieu à Barcelone en 1580.

(Sur toile, 0 m. 96 sur 1 m. 22.)

N° 40. — **Saint Dominique guéri.**

(xiie siècle.)

Attribué à *Carlo Cignani*, élève de l'Albane. Bologne, 1628-1710.

Un groupe d'Anges présentent l'Ostensoir au malade qui se lève de son lit comme entièrement guéri par Jésus-Hostie. On sait le rôle important que lui et son Ordre remplirent ensuite dans l'Eglise.

(Sur toile, 0 m. 52 sur 0 m. 96.)

(*Panneau du fond.*)

N° 46. — **La Dispute du Saint-Sacrement.**

D'après Raphaël au Vatican. Bonne copie attribuée à *Nicolas Mignard*. — Avignon, 1605-1668.

Dispute veut dire ici discussion théologique, joute des intelligences pour exalter l'Eucharistie.

(Sur toile, 0 m. 95 sur 1 m. 42), cadre du temps.

N° 32. — **Communion de saint Charles Borromée.**

Copie ancienne de la Peste de Milan.

(Sur toile, 0 m. 70 sur 1 mètre.)

N° 93. — **L'extase de saint Pascal.**
Attribué à *Barocci.*

Un ange, en pleine campagne, montre au saint Religieux un Ostensoir qu'un autre ange élève au Ciel en signe de triomphe.
Le Religieux entre en extase à cette vue.
Des multitudes d'Anges soutiennent son corps affaissé.

(Sur toile, 0 m. 75 sur 1 mètre de haut.)

N° 20. — **L'apparition de saint Michel.**
Esquisse retouchée, attribuée au *Dominiquin.*

L'Archange saint Michel apparait au mont Gargan tandis que les infidèles viennent empêcher la célébration de la Messe des Exorcismes. Un taureau fugitif est arrêté et les méchants sont renversés par l'éboulement de la caverne.

(Sur toile, 0 m. 40 sur 0 m. 75.)

N° 35. — **L'apothéose de l'Eucharistie.**
(*Ecole de Venise*, xvIIᵉ siècle.)

Intérieur d'une église. Le Saint-Sacrement renfermé dans un ostensoir est élevé au Ciel.

(Sur toile, cadre ancien, 0 m. 75 sur 0 m. 95.)

Nº 108. — **La Messe de Bolsène.**

D'après *Raphaël* au Vatican.

Copie capitale du xvie siècle, d'un élève du Maître, peut-être même de *Jules Romain.*

Cette copie, d'une finesse de touche extrême, rend l'expression des figures de l'original de telle manière que les photographies prises sur la fresque retouchée depuis, auprès de cette copie, ne donnent de l'original qu'une faible idée. Nous avons pu nous en rendre compte par notre propre expérience en rapprochant de notre tableau la meilleure photographie qui en ait été faite, celle de Braün de Dornach.

On sait quelle fut l'occasion du miracle de Bolsène :

Un prêtre demandant à Notre Seigneur une preuve de sa présence réelle dans l'Eucharistie vit le sang jaillir du calice et ensanglanter le Corporal.

Hostie et Corporal sont gardés, depuis l'an 1264, dans la splendide cathédrale d'Orviete, vrai joyau de l'art gothique et de la Renaissance, élevé en l'honneur du miracle de Bolsène, par ordre du Pape Urbain IV, *promoteur de la Fête-Dieu.*

(Sur toile, 1 m. 07 sur 0 m. 88.)

(Panneau de droite.)

Nº 27. — **Communion de sainte Marie-Madeleine.**

Par Benoît *Lutti* (xviie siècle.)

Esquisse pour son tableau dans l'église de Sainte-Catherine, au Quirinal, gravé par Bombelli.

(Sur toile, 0 m. 72 sur 0 m. 85.)

N° 23. — **Communion de la Sainte Vierge.**

(*Ecole Française*, xviie siècle.)

La Très Sainte Vierge communiée par saint Jean.
Avec quel respect Marie reçoit le Corps de son Divin Fils ;
elle est le modèle des Communiants.

(Sur toile, 0 m. 55 sur 2 mètres.)

N° 68. — **Saint Jean-Baptiste et saint Pascal.**

(*Ecole Romaine*, xviiie siècle.)

Le Précurseur du Christ montre au berger Pascal qui tient
sur ses bras un agneau, la sainte Eucharistie, et semble lui
dire : *Ecce Agnus Dei !* Voilà l'Agneau Divin !

(Sur toile, 0 m. 90 sur 1 m. 37.)

L'intercession de saint François-Régis.

(*Ecole Française*, xviiie siècle.)

Le Saint, en adoration devant le Saint-Sacrement, obtient une
grâce pour une famille.

(Sur toile, 0 m. 75 sur 1 mètre.)

N° 3. — **Saint Hyacinthe portant le Saint-Sacrement.**

(*Ecole de Sienne*, vers 1600.)

Esquisse originale de *Vanni*.

Ce sujet a été fait pour la Cathédrale de Sienne. Vanni
est nommé par les Italiens le Restaurateur de la peinture
du xive siècle.

(Sur toile, 0 m. 66 sur 1 m. 12.)

N° 26. — Communion de sainte Marie d'Egypte.

Ancienne peinture représentant les deux communions de cette Sainte : la première au départ pour le désert, la seconde lorsque, étendue à terre, un lion à ses pieds, elle expire.

(Sur toile, 0 m. 40 sur 1 m. 50.)

N° 25. — Communion de sainte Madeleine.

(Attribuée au *Corrège Allegri*.)

La sainte Pénitente, entourée d'anges, reçoit le Viatique d'un vénérable Prêtre. Le fond représente la grotte mystérieuse de la Sainte-Beaume.

Ce tableau a fait partie de la célèbre galerie du cardinal Fesch.

(Sur toile, 1 mètre sur 0 m. 75.)

N° 29. — Communion de saint Bonaventure.

(*Ecole Espagnole*, xviie siècle.)

Le Saint à genoux. Au moment où il se déclare indigne de la Prêtrise, un Ange lui apparaît et lui donne la moitié de l'Hostie consacrée.

Le Prêtre célébrant se retourne étonné.

(Grisaille, sur toile, 0 m. 85 sur 0 m. 42.)

N° 36. — Saint François d'Assise devant le Saint-Sacrement.

(xiiie siècle.)

Original de *Guido Reni*.

Des anges apportent à saint François l'Eucharistie dans la solitude.

Cette miniature achevée a appartenu à la galerie des princes de Santa-Croce.

(Sur cuivre, 0 m. 27 sur 0 m. 46.)

Nᵒ 159. — Délivrance des âmes du Purgatoire par la Portioncule.

Nᵒ 106. — L'action de l'Eucharistie sur le Purgatoire.

Nᵒ 90. — Saint François d'Assise délivrant les âmes du Purgatoire.

(*Ecole Romaine*, xviiiᵉ siècle.)

Le Saint, à genoux devant la sainte Hostie dans un Ostensoir, tient les bras étendus en signe de supplication pour les âmes de l'Eglise souffrante qui implorent en pitié.

(Sur toile, 0 m. 75 sur 1 mètre.)

Nᵒ 16. — Saint André Avellin.

(xviiᵉ siècle.)

Le Saint, offrant le Sacrifice de la Messe, est élevé en l'air, au moment de l'Elévation.

Une dizaine de fidèles sont présents. A droite, au fond, les âmes délivrées du Purgatoire montent au ciel.

(Sur toile, 0 m. 18 sur 0 m. 22.)

N° 39. — **Saints Patrons d'une famille.**

(*Ecole Italienne*, xviie siècle.)

Un ange portant l'Ostensoir.
D'un côté la Sainte Vierge avec saint Joseph et de l'autre saint Etienne avec saint Paul.

(Sur toile, 0 m. 55 sur 0 m. 62.)

N° 58. — **Saint Joseph et saint Nicolas instituant une Confrérie.**

Original de *Corrado*.

Les deux Saints choisis comme patrons d'une Confrérie du Saint-Sacrement sont représentés au premier plan. Ils indiquent aux Anges de placer un tableau sur l'autel. Le tableau que les anges apportent figure un Ostensoir en gloire.

(Sur toile, 0 m. 62 sur 0 m. 50.)

N° 57. — **Saints Patrons de familles :**

SAINT SÉBASTIEN, SAINT JACQUES, SAINT NÉPOMUCÈNE, SAINT FRANÇOIS DE PAULE.

(Esquisse attribuée à *Charles Maratta*.)

Les quatre Saints avec leurs emblèmes Eucharistiques, implorent la Divine Hostie devant un tableau que des anges soutiennent.

(Sur toile, 0 m. 42 sur 0 m. 29.)

N° 42. — Le Saint-Sacrement au milieu des fleurs.

Par *David Zeegers.*

Les œuvres de ce peintre étaient autrefois très estimées.

L'Eucharistie dans un Ostensoir entouré d'une guirlande de fleurs.

(Sur toile, 0 m. 70 sur 0 m. 97.)

———————

Saint François-Xavier et saint Laurent.

———————

N° 12. — Les Martyrs de Gorkum.

(xviie siècle.)

(*Ecole Romaine,* xviiie siècle.)

C'est une apothéose de deux chanoines martyrisés pour la Foi au Saint-Sacrement et l'attachement au Saint-Siège.

(Sur toile, 1 mètre sur 1 m. 40.)

———————

N° 105. — Les Docteurs de l'Eglise écrivant les gloires du Saint-Sacrement.

(*Ecole Romaine,* xviiie siècle.)

Saint Jean, saint Grégoire le Grand, saint Ambroise, saint Augustin contemplent et décrivent la gloire céleste de l'Eucharistie.

Le Calice et l'Hostie émergeant d'un globe de feu, sans doute le soleil de la Cité céleste, — *Erit civitatis lucerna Agnus* —

sont enlevés avec ce soleil des élus par les phalanges innombrables des anges.

(Sur toile, 1 mètre sur 1 m. 36.)

Saint Pascal Baylon.

Un ange lui présente le Saint-Sacrement.

N° 36. — La Très Sainte Trinité.

Du *Tiépolo* (Venise, 1692-1772.)

Le Père Eternel recevant son Divin Fils après sa Passion.

(Sur toile, 0 m. 33 sur 0 m. 45.)

N° 70. — La sainte Communion de saint Louis de Gonzague.

(xvie siècle.)

Original de *Camoncini.*

Le duc et la duchesse de Mantoue présentent leur fils à saint Charles Borromée à la sainte Table.

Au revers un sceau.

(Sur toile, 0 m. 45 sur 0 m. 55.)

N° 62. — Un saint Franciscain demandant la cessation de la peste.

Original de *Pierre de Cortone.*

Un Ange apparaît au ciel et remet un glaive au fourreau.
Sur le premier plan, le saint Viatique est administré aux pestiférés.

(Sur toile. 0 m. 30 sur 0 m. 44.)

N° 89. — **Saint Raymond Nonnat,**

Cardinal Fondateur de l'Ordre de la Merci
pour la Rédemption des captifs.

(*Ecole Romaine*, xviie siècle.)

Le Cardinal est représenté debout en surplis et tenant
en main un ostensoir. A ses pieds des prisonniers dont les fers
tombent.

(Sur toile, ovale, 0 m. 62 sur 0 m. 52.)

N° 55. — **Saint François de Borgia renonçant aux grandeurs.**

Original de *Sirani*.

Le Capitaine-général de la Catalogne foule aux pieds les
vanités du sceptre et de la couronne par amour pour le Saint-
Sacrement.

(Sur toile, 0 m. 40 sur 0 m. 65.)

Saint Ignace et saint François-Xavier auprès du Saint-Sacrement.

(xve siècle.)

Original de *Sasso-Ferrato*.
(J.-B. Salvi) 1605-1685.

Provenant de la galerie du Cardinal Patrizzi.

Les deux Saints, agenouillés, revêtus du surplis et de
l'étole, et assistés de deux anges, adorent le Saint-Sacrement
exposé.

(Sur bois, 0 m. 27 sur 0 m. 35.)

Règne thaumaturgique social de Notre-Seigneur Jésus-Christ

SALLE DES MIRACLES

Dieu n'a jamais cessé, depuis qu'Il a créé le monde, de s'en montrer le Seigneur Souverain, le Conservateur et le Sauveur.

Tous les événements de la nature sont marqués de la Toute-Puissance de leur Auteur et les miracles sont répandus autour de nous avec tant de profusion et se suivent dans un enchaînement si parfait, que nos yeux accoutumés à les voir ont cessé de s'en étonner et nos cœurs de s'en réjouir.

Moins indifférents étaient les hommes des temps primitifs. La majesté des Cieux leur apprenait la puissance infinie de leur Créateur.

Ils adoraient Celui qui a tracé aux astres leur route invariable et chaque fois que, la nuit écoulée, ils voyaient le soleil recommencer un jour nouveau, leur cœur tressaillait d'amour et leur âme s'exaltait en des chants de reconnaissance.

Chaque fois que l'hiver terminé ils voyaient la terre reprendre sa parure et les arbres se couronner de fleurs, ils célébraient ces admirables périodes du retour des saisons par des assemblées de famille, des fêtes et des sacrifices (1).

Pour distraire la créature de l'Œuvre admirable du Créateur, il ne fallait rien moins que la jalousie de l'Esprit Infernal ; aussi avec quel zèle incomparable il s'acharne, depuis le commencement du monde, à son œuvre de perdition.

Mais comme toujours Dieu veut arracher l'homme à la Domination de Satan, toujours Il manifeste son Règne Divin par des actions éclatantes ou miracles qui éclairent les ténèbres sans cesse amoncelées par l'Esprit du Mal.

Qui ne se souvient avec attendrissement de tous les prodiges accomplis par Dieu, dans l'Ancien Testament, en faveur du peuple Hébreux ?

Le Passage de la Mer Rouge,

La Nuée lumineuse,

---

(1) Voir dans le *Novissimum* de mars 1899, l'explication de l'horloge Druidique exposée dans une vitrine de la quatrième salle dite : Salle des Hommages.

La Manne,

L'Eau du Rocher,

Le Serpent d'Airain, etc., etc.

Et les paroles inspirées des prophètes,

Et la Venue du Messie, notre Christ adoré dont la vie tout entière fut un miracle d'amour couronné par le plus auguste de tous : La divine Eucharistie.

Vouloir énumérer les miracles de Dieu en faveur de ses créatures serait une entreprise impossible à réaliser. Plus facilement arriverait-on à compter les étoiles du Ciel ou les grains de sable des bords de l'Océan.

Cependant, comme leur multiplicité même pourrait habituer nos yeux et nos cœurs à les voir sans enthousiasme et à en profiter sans reconnaissance, Dieu a inspiré ici l'idée pieuse d'en tracer un large tableau.

Nous pouvons regarder cette Salle des Miracles comme une splendide page illustrée des Fastes de la Nouvelle Alliance.

LES CARTES GÉOGRAPHIQUES

Les quatre Cartes qui sont disposées aux quatre coins de la Salle pourraient, à elles seules, former une galerie où les hommes de science comme les pieux fidèles trouveraient ample sujet d'étude et d'adoration, puisqu'elles nous montrent la défense évidente que prend Notre-Seigneur, sous les voiles Eucharistiques, de son domaine terrestre contre l'usurpation de Satan.

C'est une stratégie divine devant laquelle les hommes d'Etat reconnaissent que toute leur puissance n'est qu'une bien petite fraction détachée de la Puissance Souveraine du Roi-Hostie.

Mais les seules Cartes fournissant une étude très vaste, nous devons renvoyer le visiteur qui veut en prendre une entière connaissance, au Catalogue minutieusement écrit et détaillé qui se vend à l'entrée du Musée, et au profit de l'Œuvre.

Dans cette visite rapide, nous ne pouvons qu'indiquer l'idée générale de l'Œuvre ; c'est pourquoi nous conseillons maintenant de regarder attentivement et une à une les photographies qui sont exposées de chaque côté de la salle, elles portent toutes l'inscription détaillée du miracle qu'elles représentent ; aussi nous abstiendrons-nous de charger cet humble petit guide d'une double description qui ne pourrait que fatiguer ou embarrasser le visiteur.

LES TABLEAUX

(Panneau à droite de l'entrée.)

Nº 100. — **La dernière Communion de Marie.**

Ce tableau de Maître-Autel, attribué à Le Brun, l'une des plus belles toiles du Musée, occupe la place d'honneur de cette Salle.

La Très Sainte Vierge souffrante, agenouillée, reçoit le saint Viatique de la main de saint Jean. Deux archanges à ses côtés, un genou en terre, portent des flambeaux. Au-dessus de cette scène, une multitude d'anges jettent des fleurs et des couronnes.

On remarquera l'expression de souffrance empreinte sur les traits de la Mère des douleurs, en même temps que la paix et la douceur de son amoureuse agonie.

On remarquera aussi le trait magistral du rapprochement de ce délicieux petit chérubin debout, à droite, qui presse ses mains en prières et en extase auprès du colossal archange sur le genou duquel il appuie son cœur bondissant de joie.

(Sur toile, 2 mètres de large, 3 mètres de haut.)

N° 30. — **Communion de sainte Catherine de Sienne.**

La Sainte reçoit la Communion miraculeusement de la main d'un Ange.

(Sur toile, cadre de l'époque, 1 m. 75
sur 1 mètre.)

N° 140. — **Le martyre de sainte Eudoxie.**

Sainte Eudoxie condamnée au martyre, à Héliopolis, l'an 303, s'étant munie du corps de Jésus-Christ, la sainte Eucharistie tombe de ses vêtements, se change en feu et brûle les officiers et le Préfet.

(Lire les *Bollandistes* au 3 mars.)

Tableau au Dôme de Milan.

Copie au Musée Eucharistique de Paray.

(Sur toile, 0 m. 70 sur 0 m. 90.)

N° 135. — **Le Miracle de Posen.**

Des Juifs ayant obtenu d'une femme cupide qu'elle leur remette des hosties consacrées, ils se retirent dans un souterrain et les percent à coups de couteaux. Le sang jaillit en abondance; effrayés, ils vont les enterrer dans un pré et s'enfuient.

Un pâtre vit des bœufs s'agenouiller dans l'endroit où étaient les hosties; il s'empressa d'en porter la nouvelle au magistrat. Celui-ci le fit emprisonner comme étant le coupable de cette profanation; mais la prison s'ouvrit d'elle-même et le captif sortit pour presser le magistrat de faire son devoir.

L'évêque fit chercher avec grande pompe les hosties et on éleva une magnifique église en l'honneur de ce miracle opéré en 1399.

Ces hosties se voient encore de nos jours et ce lieu est devenu le pèlerinage le plus fréquenté de l'Allemagne du Nord.

(Sur toile, 0 m. 70 sur 0 m. 90.)

Communion de la Sainte Vierge.

(*Ecole Italienne*, XVIIᶜ siècle.)

Des groupes d'Anges assistent saint Jean.

Les uns portent la nappe, d'autres encensent et couronnent le Saint-Sacrement. Un petit ange tient le calice avec le serpent qui lui fait peur.

(Sur toile, 0 m. 90 sur 1 m. 25 de haut.)

Nº 131. — L'invention du Ciboire de Saint-Merry, à Paris.

D'après l'original de BELLI, donné par l'Empereur Napoléon III à l'église de Saint-Merry. Copié et signé par *Michel*, peintre de Paris, connu pour son Œuvre : « La sainte Communion » au Musée du Luxembourg.

Un ciboire rempli d'hosties avait été volé au XIIIᵉ siècle, dans une église de Paris.

Le ciboire retrouvé avec les hosties fut gardé longtemps à Saint-Merry où depuis lors se célèbre annuellement une réparation solennelle de ce sacrilège.

Le peintre a parfaitement exprimé le courroux du Père céleste et la colère des anges prête à frapper la ville.

Le prêtre aussi, dans son effarement, est saisissant de respect et de contrition.

(Sur toile, 0 m. 70 sur 0 m. 90 de haut.)

Le Miracle d'Alboraya.

Le curé d'Almasera (Espagne), portant le Viatique à un malade, laissa tomber le Saint-Sacrement dans le torrent de Carraisex.

Deux poissons rapportent au rivage les deux hosties.

(Panneau de droite.)

Nº 144. — **Le Miracle de Constantinople.**

Une femme trouve une hostie lumineuse dans un coffre où on l'avait cachée.

Nº 137. — **Le Miracle de Rœtingen**
(Allemagne).
D'après l'original de *Pallavicini*,
au Dôme de Milan.

Des hosties ont été prises, l'an 1299, par des misérables. Ils sont en train de les frapper à coups de poignards.

Soudain, le tonnerre éclate, la voûte se fend, l'éclair tombe. Un jet de sang jaillit des hosties. Les Juifs sacrilèges sont pris sur le fait et pendus.

(Reinaldus, *annales*, 1299. — Eberardus, *annales*.)

Note. — De nos jours, à la honte de l'humanité, ces faits se sont renouvelés, et ils ont été tolérés; on a laissé faire la « Ligue de la Bête... » le Sacrement de la Franc-Maçonnerie !...

Quels châtiments le ciel réserve-t-il à ces attentats sans nom ?...

Quel sera le prince assez chrétien pour être jugé digne de venger l'honneur du Saint-Sacrement ?

(Sur toile, 0 m. 70 sur 0 m. 90.)

Nº 143. — **Le Miracle de Carthage.**
an 250.

Une flamme de feu sort d'un coffre où une mauvaise femme voulait prendre l'hostie.

Saint Bernard délivre une possédée.

Saint Bernard chasse le démon en tenant une hostie au-dessus de la tête d'une femme possédée.

(Nivelles, XII· siècle.)

Nᵒ 134. — Le Miracle de Clermont.

D'après l'original de *Beltolli* à Saint-Laurent de Milan.

Les abeilles ayant construit un ciboire en cire autour d'une hostie tombée par terre, au Xᵉ siècle, le clergé de Clermont vient processionnellement constater le miracle et en remercier Dieu.

Thomas Catimpré, l'ami de saint Thomas d'Aquin, dans son *Bonum universale*, livre II, chapitre XL, numéro 1.

(Sur toile, 0 m. 70 sur 0 m. 90.)

L'apparition diabolique dissipée.

Tandis que maître Conrad prêchait en Allemagne contre les hérétiques, un d'entre eux, cherchant à séduire un religieux des Frères Prêcheurs, le mena dans une caverne pour lui montrer, disait-il, le Christ, sa Mère et les Anges.

Le religieux prit secrètement sur lui la sainte Eucharistie. Sur des trônes il vit assis un Roi et une Reine, et, sur des sièges, des Saints, des Apôtres et des Patriarches, environnés d'une multitude d'Anges. Le religieux s'avança avec le saint Ciboire et dit à la Reine : « Si vous êtes la Mère de Jésus-Christ, voilà votre Fils! »

A ces paroles, l'assemblée fantastique se dissipa et l'hérétique, converti, retourna à la vraie Foi.

(Panneau de gauche.)

N° 141. — Une colombe apporte la Sainte Eucharistie à saint Second.

Milan, année 119.

(Sur toile, 0 m. 70 sur 0 m. 90.)

Schola S. S. Sacramenti.

D'après l'original à la Collégiale de Saint-Laurent de Milan. La légende porte au bas :

Schola sanctissimi sacramenti erecta in insigni colli sancti Laurenti M. M. Ita est antiqua est defund et primera erectione nullum omnino extet documentum est dicitur in Visitatione B. Caroli facta de anno 1557. Fuit tamen donno erecta..et instaurata ab annis citra octo ante prædictam Visitationem.

Et hoc constáre ibi videtur ex instrumento rogato per Dominum Bartholum parpalionum Mediolani Notarium die et anno suprascripto.

Le tableau montre comment les membres de la Confrérie devaient accompagner le Saint-Sacrement porté aux malades.

Note. — Cette Confrérie du Saint-Sacrement fit exécuter une collection spéciale de tableaux eucharistiques pour la Collégiale de Saint-Laurent, comme l'Archiconfrérie l'avait fait pour le Dôme. Celui que nous venons d'indiquer est le premier de la série très instructive dont nous avons fait reproduire quelques sujets.

(Sur toile, 0 m. 70 sur 0 m. 90.)

N° 147. — La Sainte Eucharistie vole au cœur d'Othon IV.

Nᵒ 136. — **Sainte Julienne de Falconieri.**

D'après l'original de *Rovizza*, au Dôme de Milan.

Sainte Julienne, ne pouvant plus communier, demande, sur son lit de mort, la grâce, avant d'expirer, de sentir l'hostie posée sur son cœur.

Son confesseur accédant à ce désir, l'hostie s'ouvrit à travers la poitrine un passage et rompit le cœur de Julienne, morte en extase.(Florence, 1341.)

(Benoît XIV, *De Beatificatione*, livre III, chapitre XXXVIII, numéro 25.

Nᵒ 129. — **La Sainte Vierge procure le Saint Viatique à une de ses Servantes.**

D'après l'original de *Pamphili*, au Dôme de Milan.

La Vierge apparaît au bienheureux Odoric, qui fleurit au XIVᵉ siècle, au moment où il traversait un bois, et lui dit d'aller porter le saint Viatique à une pauvre mourante.

Le Bienheureux exécute l'ordre, Marie le suit, escortée par des Anges.

(Voir Waddingue, sous la date 1331.)

Nᵒ 142. — **Un prisonnier délivré de ses fers.**

Ce prisonnier, enchaîné aux Indes, vit tout à coup ses fers tomber. Il apprit plus tard que sa délivrance s'était opérée miraculeusement à l'heure même où l'on avait offert pour lui le saint Sacrifice.

(Bède, an 579.)

LA ROCHE DE SOLUTRÉ

L'Edicule en terre cuite qui apparaît, au fond de la Salle, protégé par une grande vitrine, représente la *Roche de Solutre*, le point le plus élevé des montagnes du Charollais dans le voisinage de Mâcon.

On sait que, dès leurs origines, les peuples choisissaient pour offrir leurs sacrifices à la Divinité les sites les plus élevés.

Or, pour notre contrée charollaise, la Roche de Solutré, par les vestiges qu'elle renferme, prouve les enseignements de la science et ces vestiges sont des *cupules sacrificielles* (sortes de réservoirs et de rigoles pour recevoir et faire écouler le sang des victimes) découvertes sur cette Roche le 18 juillet 1895.

Non seulement les cupules attestent que là ont eu lieu des sacrifices; mais les ossements mêmes des victimes entassés au bas de la Roche, dans l'endroit dit *Crôt du Charnier*, en sont des preuves palpables, et leurs couches diverses, à différentes profondeurs, déterminent les *epoques* ou *âges* auxquels ces sacrifices ont eu lieu.

La première couche de gisements, c'est-à-dire la plus profonde dans la terre, est composée d'ossements d'*Aurochs* et figure l'époque antédiluvienne des Troglodytes Adamiques ou Adytes.

Un petit édicule au bas de la Roche représente le sacrifice de l'Auroch comme il avait lieu sur la montagne aux époques du xlᵉ au xxᵉ siècle avant Jésus-Christ.

La deuxième couche de gisements en remontant près du sol présente des ossements de *Rennes* et nous replace, par conséquent, à l'époque des Pré-Celtiques, Atlantes, Aryas.

Le deuxième petit édicule au bas de la Roche représente le sacrifice du *Renne* tel qu'il avait lieu au haut de la Roche à l'âge glaciaire du Moustier, du xxᵉ au xviiiᵉ siècle avant Jésus-Christ.

La troisième couche de gisements présente des ossements de *Cheval* et nous remet en présence de l'époque Eduenne ou âge Magdalenien.

Le troisième petit édicule placé au bas de la Roche nous représente le sacrifice du *Cheval* tel qu'il se consommait au faîte de la montagne du xviiiᵉ au viiiᵉ siècle avant Jésus-Christ.

Enfin, la quatrième couche de gisements, la plus voisine du sol, nous présente des ossements de *Bœufs* qui nous rappellent l'époque des *Gallo-Celtes*.

Le quatrième petit édicule représente, au bas de la Roche, le sacrifice du *Bœuf,* tel qu'il s'accomplissait au haut de la montagne, du VIIIe au IIIe siècle avant Jésus-Christ.

La reproduction de la Roche de Solutré est donc ici un témoin des siècles écoulés ; il nous apprend que ce pays du Charollais fut habité dès le commencement du monde par des peuples qui gardaient l'Alliance Adamique en offrant à Dieu des sacrifices préfiguratifs du sacrifice de la Croix.

Ces peuples étaient les *Celtes,* descendants de Japhet. — Og-mi, petit-fils de ce patriarche, les avait réunis dans ces contrées ; il leur avait enseigné l'art de cultiver la terre et d'élever les troupeaux ; il leur avait transmis, en même temps que la Promesse Edénique, la loi des sacrifices préfiguratifs du sacrifice de la Croix.

Les Prêtres Celtes étaient les *Druides.* Ils possédaient les traditions Adamiques. Ils suivaient les rites patriarcaux, ils avaient le Culte de la Vierge devant enfanter.

C'étaient donc les *Druides* qui du XLe au XXe siècle avant Jésus-Christ offraient sur la Roche de Solutré, pour les familles Troglodytes, le sacrifice de l'Auroch en préfiguration du sacrifice de la Croix.

Et comme Diodore de Sicile nous donne l'an 2314 pour date de l'incendie des forêts des

Gaules arrêté à Pared par le vœu des Celtes à l'*Isis celtique,* nous voyons que cet événement correspond aux premiers âges des Celtes alors que leurs Druides ou Hommes des forêts offraient sur la hauteur de Solutré le sacrifice de l'*Auroch*.

C'étaient les Druides qui, dix-huit siècles avant le Christ, offraient, sur l'autel de Solutré, le sacrifice du *Renne* pour les peuples Pré-Celtiques, *Atlantes, Aryas.*

C'étaient les Druides toujours qui, huit cents ans avant la venue du Christ, offraient à Solutré, pour la nation Eduenne, le sacrifice du *Cheval.*

Enfin c'étaient encore les Druides qui, trois cents ans avant Jésus-Christ, offraient du haut de Solutré, pour les peuples Gallo-Celtes, le sacrifice préfiguratif du *Bœuf.*

C'est ainsi que, depuis les origines du monde jusqu'à la venue du Messie, les patriarches et les Druides n'ont cessé d'associer à leurs sacrifices sanglants le culte de la Vierge devant enfanter.

Tels sont les fastueux enseignements qu'il a plu à Notre-Seigneur d'attacher à la visite du Hiéron. Puisse cette émouvante reconstitution des siècles passés, demeurer dans la mémoire des pèlerins comme le cadre inséparable des divines manifestations du Sacré-Cœur dans la contrée Eduenne du Val-d'Or !

SALLE DES PACTES

Cette troisième Salle est appelée Salle des Pactes, parce que, au milieu de tableaux à la gloire de l'Eucharistie, sont réunis ceux qui représentent les Pactes des Saints, c'est-à-dire leurs engagements solennels de consacrer leur vie à l'Exaltation de l'Hostie divine.

Pactes d'Evêques, pactes de Chefs d'Ordres Religieux, pactes de Rois, etc.

Dans la pensée du Règne Social Temporel de Notre-Seigneur, cette Salle des Pactes suit très à propos la Salle des Miracles : Nous venons de contempler les prodiges sans nombre opérés par Jésus-Hostie en faveur de l'Humanité ; voyons maintenant comment les âmes illustres ont répondu à ces faveurs.

(Panneau de droite.)

Serment au Sacre d'un Evêque.

On sait que l'Ordination des prêtres se fait à l'attouchement du Calice. Il en est de même pour l'Ordination épiscopale et papale, de sorte que toute la hiérarchie ecclésiastique repose sur le serment et le pacte au précieux Sang de la Messe.

Nº 80. — Un groupe d'Anges avec la Sainte Croix et l'Eucharistie.

Un Ange gardien, portant le calice et l'hostie, dicte la consécration d'un enfant agenouillé, en lui montrant la Croix du Sauveur.

Les Anges sont ici représentés sans ailes.

(Sur toile, 0 m. 25 sur 0 m. 40.)

Nº 117. — Un Ange portant une Hostie.

(xvie siècle, *Ecole Romaine.*)

(Fragment de tableau mutilé).

L'Ange semble descendre pour présider à un acte d'hommage.

(0 m. 31 sur 0 m. 40.)

Messe de saint Bernard.

Notre-Seigneur lui apparut dans la chapelle des Trois-Fontaines, à Rome.

On sait que saint Bernard institua le *Pacte des Templiers* et leur donna le Sacré-Cœur pour blason.

Nᵒ 171. — **Le Pacte des Hyéronimites, s'engageant à défendre les Saintes Ecritures.**

C'est le Pacte Eucharistique des Religieux gardiens de l'Escurial, grand temple-palais national d'Espagne.

Nᵒ 163. — **Serment d'un Page.**
(Esquisse inachevée.)

Toute la chevalerie chrétienne était de même liée au Saint-Sacrement par un serment de fidélité à chaque grade.

Nᵒ 172. — **Pacte intime de François Iᵉʳ.**

Le roi de France en pèlerin d'Emmaüs.

Voir un tableau pareil au Louvre et plusieurs pour Charles-Quint à Madrid.

Les rois, même des dernières dynasties, reconnaissa'ent être liés par pacte d'Etat à Notre-Seigneur.

Apothéose de saint Charles Borromée.

La vie admirable du saint Archevêque de Milan fut couronnée par la plus douce mort.

Ayant reçu la sainte Eucharistie, il prononça ces mots : « *Ecce venio*, voilà que je viens! » et il s'endormit dans le Seigneur.

Pie V le canonisa neuf ans après sa mort.

Nᵒ 170. — **Le Pacte de Braga.**

Dom Aff. Enrique jure de poser les cinq plaies du Christ au blason et au drapeau du Portugal.

Réduction de la fresque à l'église des Portugais, à Rome.

No 173. — Serments de saint François et de sainte Claire.

Saint François et sainte Claire jurent de consacrer leur vie à la glorification de l'Hostie.

No 174. — Serment engagé à Saint Joseph pour l'exaltation de l'Agneau Eucharistique.

No 4. — Le Saint-Sacrement retrouvé dans une fleur.

(*Ecole Romaine.*)

Un prêtre, portant le saint Viatique, laissa tomber la sainte hostie... Il la retrouva dans le calice d'une fleur.

Ce miracle eut lieu à Ettiswyl, en Suisse, canton de Lucerne, au commencement du XVI° siècle.

(Voir *Canini d'Anghiari*, p. 137.)

(Sur toile, 1 m. 70 sur 2 mètres de haut.)

Le Martyre de saint Maximin.

Tableau allongé représentant quatre faits de la vie de ce saint.

Bénédiction de saint Maximin à ses néophytes.

Trois néophytes, devenus apostats, crucifient leur maitre.

Les deux restés fidèles vengent le pacte outragé en faisant justice des misérables.

La Mission de saint Augustin en Angleterre.

Diptyque gothique.

1° Descente de saint Augustin et de ses compagnons en Angleterre, pour la conversion des Iles-Britanniques, par l'ordre de saint Grégoire le Grand.

2° Plusieurs miracles et messes des saints missionnaires compagnons de saint Augustin.

(Ecole Giotto.)

N° 103. — Saint Ignace recevant les armes de la Compagnie de Jésus.

(Miniature italienne du xviᵉ siècle.)

L'Enfant Jésus, assis sur les genoux de sa sainte Mère, apparaît au vaillant défenseur du Règne du Christ agenouillé dans la grotte de Manrèse. L'Enfant Jésus lui fait don d'un bouclier à ses armes, qui sont le monogramme de sa divine Royauté : J. H. S. Jésus, Roi, Sauveur, surmonté de la Croix et avec les trois clous de la Passion surbaissés, équivalant à l'ancien emblème donné à Constantin pour le Labarum ☧.

(Sur cuivre, 0 m. 16 sur 0 m. 18.)

Une Sainte portant le Très Saint-Sacrement.

Original de *Charles Maratta*.

Sainte Thérèse en allusion à son zèle pour la sainte Eucharistie.

La Fraction du Pain.

(D'après *Carlo Dolce*.)

Pacte de saint Ignace.

Le Saint prend l'engagement de procurer la plus grande gloire de Jésus-Hostie : A. M. D. G.

Saint Ignace recevant la Mission d'évangéliser les nations.

On voit au bas la représentation de l'Australie, des Indes, de l'Amérique et de l'Afrique.

N⁰ 168. — Pacte du Cardinal de Bérulle.

Original du XVIIe siècle.

Le Fondateur de l'Oratoire engage ses statuts à l'Hostie.

Saint Augustin.

Tableau de réparation pour un sacrilège commis dans une église.

N⁰ 85. — La Foi, l'Espérance et la Charité.

Petite esquisse de *Scarsellino*.

L'Ange de Paray.

Cet Ange reçoit la révélation de la Dévotion au Sacré-Cœur. On voit dans le lointain la ville de Paray.

Nᵒ 110. — L'Eucharistie révélée aux Anges.
(*Ecole Française,* xviiiᵉ siècle.)

Dans le haut de la coupe d'un calice, dont le pied projette un rayonnement lumineux, émerge le buste de Notre-Seigneur révélant à ses Anges son incarnation et, par suite, l'institution de l'Eucharistie.

Dans le plan inférieur, à gauche, saint Michel tenant d'une main l'inscription : *Qui est Deus*, et de l'autre main, une croix à longue tige avec laquelle il terrasse l'Ange rebelle.

A droite, saint Martin en habits pontificaux contemple l'Homme-Dieu.

A l'angle gauche, cette devise :

Augustissimæ Eucharistiæ Sacramenti Majestati Ôc divor tutelarium. — Honori V. D. Joannes Michæl Didier Curatus Apposuit. et D. 1550.

La Religion exaltée par les Saints de l'Ancien et du Nouveau Testament.

Relief doré de saint Pascal.

Ce relief est une apothéose du saint Patron des Œuvres Eucharistiques.

Bannière de saint Philippe de Néri.

Cette bannière a servi longtemps à la Confrérie de la *Communion générale des Hommes,* instituée à Rome par saint Philippe de Néri.

N° 49. — Sainte Anastasie apporte la Sainte Eucharistie aux Chrétiens.

Sainte Anastasie avait une piété remarquable pour porter le Saint-Sacrement aux Chrétiens incarcérés pendant les grandes persécutions. Elle est ici représentée entrant dans un cachot où gît le divin Rédempteur après sa Passion. D'une main, par un geste expressif, elle montre le Christ étendu dans la mort, et de l'autre main, elle élève le Calice, qu'elle montre aux Chrétiens comme pour les préparer à la vie éternelle.

(Sur toile, 1 m. 12 sur 1 m. 70.)

(Panneau de gauche.)

N° 91. — L'adoration au Ciel du Sacrifice perpétuel de l'Eucharistie.

Original de *Scarsellino*, de Ferrare.

La Sainte Vierge, tout en haut, est agenouillée près du céleste Calice surmonté de l'Hostie, qui projette des rayons de gloire sur les âmes privilégiées du Sacrifice de l'Autel.

Au milieu du tableau, le Précurseur et Gabriel. Des deux côtés quelques Apôtres, des Docteurs, des Confesseurs, des Vierges en profonde contemplation.

(Sur toile, 1 m. 90 sur 2 m. 20.)

N° 77. — Les Vertus Théologales et Cardinales autour du Saint-Sacrement.

(Attribué au *Dominiquin*.)

Tableau allégorique de toutes les vertus réunies pour exalter la sainte Eucharistie.

La Sainte Vierge préside cette imposante assemblée devant laquelle l'Empyrée s'entr'ouvre.

L'Ange de la Victoire plane au sommet.

(Sur toile, 0 m. 75 sur 1 mètre.)

Un Ange communiant une Sainte.

N° 101. — L'exposition du Saint-Sacrement.

(Panneau du xviie siècle, *Ecole Française*.)

Deux Anges adorateurs agenouillés au pied de l'autel. Ils sont revêtus d'ornements sacerdotaux.

Note. — Ce petit tableau, découvert par Mgr Barbier de Montaut, a été reproduit dans la *Revue*. (Voir la planche en face de la page 96 de la première année de l'explication. (*Ibid.*, page 128).

(Sur bois, 1 m. 30 sur 0 m. 40.)

N° 95. — Les apprêts de la Cène.

Original d'*André Sacchi*, pendant du N° 47.

Notre-Seigneur lave les pieds à saint Pierre. Celui-ci se déclare indigne de cet honneur. Les autres Apôtres se précipitent autour de lui pour entendre ce que va dire le Seigneur.

(Sur toile, 0 m. 35 sur 0 m. 98.)

La Peste de Sienne.

Le saint Viatique est distribué aux mourants.

N° 34. — L'Eucharistie au dernier Jugement.

Original de *Schedone*. Modène.

N° 166. — Pacte de Notre-Seigneur avec sainte Catherine de Sienne.

Œuvre classique vénitienne du célèbre
Canaletto.

C'est en vertu de ce Pacte que les Papes rentrèrent d'Avignon
à Rome.

N° 47. — Notre-Seigneur communiant les Apôtres.

N° 105. — Un groupe d'Anges enlevant la Croix.

Ebauche de *Lanfranc*.

C'est l'exaltation de la Croix, son transfert au Ciel.

De graves théologiens assurent que la véritable Croix, après
avoir été portée au dernier Jugement, figurera ensuite dans le
cortège triomphal de la céleste Jérusalem.

Cette ébauche est remarquable comme perspective aérienne.

(Sur toile, 0 m. 50 sur 0 m. 61.)

N° 83. — Saint Louis, roi de France, devant le Saint-Sacrement en gloire.

(Miniature attribuée à *Guido Reni*.)

Saint Louis, couvert du manteau royal, et tenant le sceptre
et la couronne, contemple la gloire de l'Eucharistie en médi-
tant sur la couronne d'épines.

La gloire du Règne de Jésus-Hostie, c'est d'avoir souffert le mépris des hommes et d'avoir augmenté ses bienfaits, semble-t-il, en raison même de leurs ingratitudes.

(Au revers un sceau.)

(Sur toile, 0 m. 20 sur 0 m. 62.)

Jésus chez le Pharisien.

Pacte de sainte Ludgarde.

N⁰ 146. — **Le Pacte satanique de Naples.**

Un gentilhomme se convertit à la vue d'une hostie sanglante.

N⁰ 122. — **Sainte Claire après la fuite des Sarrazins.**

N⁰ 63. — **La grâce obtenue par saint Vincent Ferrier.**

Original d'*Augustin Carrache.*

Saint Vincent Ferrier ayant célébré la sainte Messe pour la guérison d'une malade agonisante, un Ange apparaît avec la réponse de la grâce accordée.

(Sur toile, 0 m. 43 sur 0 m. 60.)

Saint Jean Népomucène.

Le Saint martyr du secret de la confession.

Pacte de sainte Marguerite de Cortone.

La Sainte s'engage à communier le plus souvent possible.

Notre-Seigneur communie saint Pierre.

Nº 66. — Le Pacte de Paray.
Esquisse de *Pompeo Battoni.*

(Voir la teneur dictée par Notre-Seigneur à la Bienheureuse Marguerite-Marie.)

N° 15. — Procession du Saint Viatique.
Esquisse originale attribuée au *Dominiquin.*

La place de Venise, entrée de saint Marc.
Le peuple se précipite autour du prêtre qui rentre dans l'église portant le saint Ciboire.

(Sur toile, 0 m. 90 sur 0 m. 62.)

L'Eucharistie avec la Papauté.
Ebauche de *Battoni.*

Le Souverain Pontife, Pie VII, conduit la barque de l'Eglise à travers une mer en courroux.
La Foi, l'Espérance et la Charité avec l'Eucharistie sont dans la barque.
En haut, la Sainte Vierge, portant l'Enfant Jésus, montre au Pilote sacré, comme phare, le Tabernacle soutenu par les Anges.

(Sur toile, 0 m. 49 sur 0 m. 94.)

Le visage du Pape a été lacéré à coups de canif.

Le Pacte de Léon XIII.

Nous espérons voir ici bientôt l'Apothéose des Pactés, un tableau représentant notre immortel Pontife, Léon XIII, prononçant à Saint-Pierre de Rome, le 11 juin 1899, la Consécration universelle du Genre humain au Sacré-Cœur.

Cet acte, de grande portée dans les annales du monde, est la ravissante aurore du Règne de Notre Seigneur Jésus-Christ sur la terre.

SALLE DES HOMMAGES

(Panneau de droite, à l'entrée de la Salle.)

Conversion du duc de Brunswick, à la vue d'un miracle de Saint Joseph Cupertin.
(1560).

Attribué à *Van Loo.*

(Sur toile, 0 m. 90 sur 2 m. 25.)

Saint Joseph Cupertin en extase.

Saint Pascal en adoration.

(Ecole d'Ombrie.)

Le Saint est enlevé par un groupe d'anges, en pleine campagne. Un autre groupe entoure la Divine Eucharistie.

(Sur cuivre, 0 m. 40 sur 0 m. 60, ovale.)

(En face du précedent tableau.)

Saint Jean de Capistran.

(Au-dessous.)

N° 41. — Le Saint-Sacrement présenté par deux Anges et deux Saints.

(Esquisse d'Annibal Carrache.)

Saint Laurent et saint Philippe de Néri montrent le Saint-Sacrement apparaissant dans une gloire d'anges.

(Sur toile, 0 m. 50 sur 0 m. 88.)

(Au-dessous.)

N° 120. — La Délivrance de Rome.
(Esquisse de Tiépolo.)

Les saints Apôtres Pierre et Paul armés d'éclairs passent courant sur les nues ; derrière eux, Rome délivrée sous l'aspect d'un Souverain Pontife appuyé sur le Divin Tabernacle que des anges escortent. Devant eux, les ennemis du Saint-Siège arrêtés, confondus, sont renversés et tombent les uns sur les autres.

(Sur toile, 0 m. 30 sur 0 m. 40.)

(Premier panneau de droite.)

Nᵒ 74. — Saint Pie V pendant la bataille de Lépante.

(Ecole Italienne.)

Le Souverain Pontife en prières devant le Crucifix entouré d'anges.

Nota. — On sait que le Crucifix de Lépante, placé à la proue du vaisseau amiral de Juan d'Autriche, se garde à Barcelone tel qu'il se dévia devant un boulet musulman.

C'est ce fait que le peintre a voulu retracer ici.

(Sur toile, 0 m. 38 sur 0 m. 75.)

Nᵒ 178. — Le Vœu de bataille d'un grand Leude du Saint Empire Romain.

Original de *Palma le Jeune* (1570-1620).

Nᵒ 177. — La Messe de saint Basile.

L'EMPEREUR CONSTANCE FORCÉ D'Y PRÊTER SERMENT.

Original de *Subleyras* Pierre (1720-1749).

(Sur toile, 0 m. 82 sur 1 m. 34.)

(Au-dessous.)

Deux gravures représentant :

La Vision de la Croix.
Par *Constantin.*

L'Invention de la Sainte Croix.
Par *Sainte Hélène.*

N° 75. — **Saint Pascal voyant l'Eucharistie en gloire.**

Pendant du tableau précédent.

(Sur toile, 0 m. 38 sur 0 m. 75.)

(Premier panneau de gauche.)

N° 177. — **Les trois Messes de Noël chez les Templiers, à Fribourg.**

Original de *Peter Neefs, le Vieux* (1590 à 1650).

Une Messe en Sicile

(Sur toile, 0 m. 40 sur 0 m. 50.)

N° 19. — **Adoration du Saint-Sacrement.**

(Provenant de la Galerié *Bonamico* (Rome.)

Les Archanges Gabriel, Michel et Raphaël protègent l'Eucharistie présentée par un groupe d'anges.

(Deuxième panneau de droite au centre,
en haut.)

N° 139. — **L'ex-voto des Croisades**

Connu sous le nom de : *Le Doge Grimani aux pieds de la Foi*, d'après le chef-d'œuvre du *Titien* dans la grande Salle des Doges, au palais Ducal de Venise.

Copié par le professeur G. G. *Gaggio* (1883).

Dans la grande salle où la synthèse des exploits de la République gardienne de la Chrétienté devait se représenter. — *L'ex-voto des Croisades* fait le pendant de l'*ex-voto de Lépante*. Au plafond de la salle, le Tintoret a jeté « Venise, reine des mers » ou son apothéose pour l'anneau que les Papes confèrent aux Doges époux de l'Océan.

C'est une conception vraiment grandiose de nous présenter ainsi la suprématie des mers préparée aux Croisades, conquise à Lépante, conférée finalement par le Vicaire du Christ-Roi, à l'Etat qui mit le commerce du monde au service de la Puissance Eucharistique pour porter partout son influence et établir le Règne de Dieu dans l'univers. (Voir M. G. de Saint-Laurent sur la mosaïque de la voûte de Saint-Marc, dans l'*Art chrétien et l'Eucharistie*, IIᵉ article.)

(Sur toile, 0 m. 25 sur 0 m. 90.)

Bataille de Legnano.

DÉFAITE DE FRÉDÉRIC BARBEROUSSE (1176).

Au second plan, le char Eucharistique de bataille.
L'Evèque agenouillé devant le Saint-Sacrement.

N° 5. — Une exposition papale.

Ecole Vénitienne, XVIe siècle.

(Fragment d'un tableau historique.)

Un Pape, un Doge et un Roi avec sa cour, devant le Saint-Sacrement.

(Sur bois, 0 m. 26 sur 1 m. 16.)

Triomphe de l'Eglise.

L'Eglise représentée par un grand navire ayant Notre-Seigneur pour pilote.
Toutes les Hérésies à l'eau.

(Deuxième panneau de gauche, au centre.)

N° 130. — **L'acte religieux de Rodolphe de Hapsbourg.**

D'après l'original de *Rubens* au Musée du Prado.

(N° du Catalogue de Madrid 1566.)
Paysage de Wildens.

L'original a 2 m. 83 de large sur 1 m. 98 de haut.

Notre copie est de Salvator Martinez Cubells, le célèbre conservateur du Musée du Prado, qui vient de restituer à l'art et à l'histoire le portrait authentique de Christophe Colomb pour son dernier centenaire.

L'hommage de Rodolphe Ier, comte Suisse, élu empereur d'Allemagne à cause de sa piété envers l'Eucharistie, a été chanté par Schiller.

En Suisse, dans les écoles primaires, ce trait historique d'un empire gagné par un seul acte de foi est enseigné avec raison comme une victoire de la vaillante République qui, la première, pour rester libre, a choisi Jésus-Christ comme Roi.

Voir le P. Hilaire : *Barrabas ou le règne du Christ*, p. 56.

(Sur toile, 1 m. 29 sur 0 m. 90.)

(Au bas du panneau à gauche.)

Saint Antoine de Padoue fait agenouiller une mule.

(Le Tintoret.)

(A droite.)

Saint Jean de Capistran et saint François d'Assise.

(Au-dessous, au centre.)

Trois tableaux emblématiques.

Nº 87. — L'Exposition impériale de Prague.

Peinture allemande du viie siècle.

L'Empereur d'Autriche, portant la Toison d'Or, agenouillé en face de l'Impératrice, au pied d'un autel sur lequel le Saint-Sacrement est exposé.

Le Sacré-Cœur figuré au bas de l'autel.

N.-B. — Sans doute l'*ex-voto* de Ferdinand III pour la délivrance du saint Empire à la suite de l'Exposition du Saint-Sacrement ordonnée dans toutes les églises de Prague. Fait historique qui mit fin à la guerre de Trente ans.

(Voir Schiffenberg.)

Au dos, un sceau de Prince du saint Empire.

(Sur toile, 0 m. 76 sur 1 m. 10.)

(De chaque côté de la porte.)

Triomphes de l'Eucharistie.

(Tapisseries de *Rubens*.)

(Deuxième panneau de droite, en haut.)

Nº 151. — **La Communion de sainte Thérèse.**

D'après le tableau de *Nicolo Bari* qui se trouve à l'église des Scalsi à Venise.

(Copie du Professeur *Gaggio*, 1885.)

Nº 148. — **Consécration de la République de Venise au Saint-Sacrement,**

PAR LE DOGE PASCAL CIGOGNA, ENTOURÉ DE MAGISTRATS.

Copié par le Professeur *Gaggio*, du plafond de *Thomas Dolabella* au Palais des Doges.

(Sur toile, 1 mètre sur 1 m. 20.)

(Troisième panneau à droite.)

La Communion de sainte Lucie.
D'après *Tiepolo.*

Eglise des Apôtres à Venise.
(Copie du Professeur *Gaggio*, 1886.)

(Plus bas.)

Procession de Moines et de Religieuses

*Ordonnée par saint Pie V pour demander
la* Victoire de Lépante.

(Au-dessous.)

N° 133. — L'ex-voto de Lépante,

Connu sous le nom de : *Le Sauveur en gloire.*

D'après le célèbre chef-d'œuvre du *Véronèse*
dans la grande Salle des Doges, au palais
Ducal de Venise. Copié par le Professeur
J.-B. *Vicary*, 1882.

Le Guide de Zanotta qui a décrit les tableaux du Palais des
Doges, désigne ainsi ce tableau : « Le Sauveur en gloire » et en
bas, saint Marc, saint Justin, la Foi, Venise, le Doge Sébastien
Vénier et la République remercient Notre-Seigneur de la victoire
de Lépante.

Le Véronèse a montré sur la rade la flotte victorieuse et au
premier plan le sacrifice d'actions de grâces offert par les auto-
rités de la République pour la Victoire de Lépante remportée
grâce à l'héroïque résistance de Famagoustte commandé par
Bragadino.

(Voir Del Rio : *les quatre Martyrs.*

Paris, Douniol, le journal *La Croix* 1883.)

(Sur toile, 1 m. 20 sur 0 m. 90.)

Nº 149. — **Venise délivrée de la peste.**

D'après *Marco Uccelio*.

Chapelle des Crucifères à Venise.

(Copie du Professeur *Gaggio*, 1886.)

(*Troisième panneau de gauche.*)

Vue de la Basilique de Saint-Marc.

(*Au-dessus.*)

Nº 188. — **Maesta de Lanciano.**

Ex-voto officiel du Duc de Caracciolo.

Original de *Francia* (François) 1480-1517.

(Provenant de Naples.)

Nº 138. — **La Procession de saint Marc
à Venise.**

D'après *Bellini* de l'Académie de Venise.

Copie du Professeur J.-B. *Vicary*.

La République de Venise assiste en corps à la procession
annuelle faite sur la place. Les hauts faits de cette République
se rattachent et doivent être attribués à la piété de ses magistrats envers le Saint-Sacrement.

Les grandes entreprises des Doges ont été inspirées par le zèle pour la gloire de l'auguste Sacrement, l'histoire le raconte et Bellini l'a voulu mettre en lumière, c'est pourquoi son génie a tenu à faire de ce tableau son chef-d'œuvre.

(Sur toile, 1 m. 29 sur 0 m. 90.)

N° 152. — **Ex-voto du Doge Pascal Cigogna.**

D'après un tableau de *Jacopo Palma le Jeune* qui se trouve dans l'Oratoire des Crucifères à l'église des Jésuites à Venise.

Le Doge, en robe de sénateur, assiste à la Communion des femmes renfermées dans cet Hospice.

Copie du Professeur *Gaggio*.

N° 181. — **L'hommage de Vasco de Gama atterrissant aux Indes Orientales.**

Œuvre originale du XVIIe siècle.

====

(Panneau du fond.)

Cinq tableaux représentant le cycle de Lépante,

de *Paul Véronèse*.

LE PALAOS LOGOS

A l'Exposition Universelle de Paris 1900

Digitus Dei est hic.

AVANT-PROPOS

Dieu, dans tous les idiomes du monde, est nommé l'Admirable, l'Incomparable, le Très-Haut.

A travers tous les âges, son énergie incessante se manifeste et nous transmet sa pensée, son action, son suprême Pouvoir.

Rien ici-bas, ni dans le Ciel, pas plus qu'au Purgatoire ou au fond des Enfers, ne s'opère, ne s'effectue, ne se développe sans qu'Il donne pour cela à chaque instant son *licet*, son *visa*, son *imprimatur*.

Les Anciens donnèrent à cette cognition surprenante : de Dieu, partout opérant en toutes choses, et signataire constant de ses œuvres. le grand nom de *Symbolisme*.

Le symbole est en effet le mode invariable par lequel *Dieu invisible en Lui-même* devient visible à l'égard de ses créatures.

Le Verbe de Dieu, l'Agneau Immolé est la cause efficiente de tous les symbolismes du monde créé, comme Il est le Principe et la Fin de toutes choses, la Raison de toutes les raisons pour lesquelles les lois ont été établies.

Et l'Idée Maîtresse de la Création comme de tous ses détails se résume dans le terme de *Palaos Logos*, Première Parole.

Platon ne chercha pas d'autre expression pour nous décrire les qualités de la Divine Sagesse (1).

Or les Temples antiques de toutes les contrées du monde n'eurent pour mandat que de bien enregistrer et conserver les symboles du nom et des qualités du Très-Haut, et ils les transmirent sous forme de signes et d'emblèmes graphiques qu'il suffit de .connaître pour en déduire toutes les conséquences et les résultats.

Cette haute science philosophale du Symbo-

____

(1) Aussi, saint Jérôme, dans sa *Lettre à Paulin*, insérée en tête de la Sainte Bible, traduite par lui sous le nom de *Vulgate*, dit-il, à propos des paroles de saint Jean : *Au commencement* était le VERBE et le Verbe était *avec Dieu*, et le Verbe *était Dieu*, ceci : « *Car ce mot* (VERBE) *en grec* (Λογος) *marque plusieurs choses, puisqu'il signifie une parole, un raisonnement, une supputation, et la cause de chaque chose, par laquelle tout ce qui est subsiste : qui sont toutes propriétés que nous reconnaissons en* JÉSUS-CHRIST. »

lisme/expression tangible de la Divine Sagesse,
comprend plusieurs degrés d'Agnition, qui résultent les uns des autres et qu'on n'arrive à
découvrir peu à peu qu'à l'aide d'une vraie et
lucide *Initiation*.

C'est la persévérance à comparer les Vérités
Majeures que contiennent les Lois suprêmes
finales et coordonnatrices du Cosmos ou du
Gouvernement Universel des choses créées,
c'est l'expérience de tous les siècles et de tous
les âges : qui nous transmet enfin la synthèse
globale de cette science des sciences.

Lorsqu'un nombre restreint de produits naturels ou travaillés de main d'homme s'offre à
nos regards, il est difficile de déchiffrer le
pourquoi de leur ordonnancé momentanée ;
mais si ces produits viennent à être accumulés
à foison et recueillis de toutes parts de main
de maître et exposés lucidement et méthodi-
quement : alors notre intelligence vibre à l'unis-
son de l'Intelligence ordonnatrice et nous sui-
vons le doigt de Dieu y imprimant ce qu'Il
désire nous faire comprendre.

Par la splendeur méthodique de son ordonnance, par l'ampleur des Lois suprêmes qui
y sont visiblement manifestées, la stupéfiante
Exposition mondiale de 1900 nous offre une
occasion sans pareille de démontrer la virtua-
lité des *causes finales divines*, telles que celles-ci
résultent du Symbolisme Edénique ou Eduen,

base épigraphique de tous les Temples et de toutes les contrées du globe (1).

Les écrivains les mieux doués, les guides les mieux faits se bornent à regretter l'*absence de toute Idée Divine* dans l'accumulation de tous ces produits, et nous avons cru un instant qu'au frontispice de l'Universelle Exposition, on pouvait lire réellement le *Mané Thécel Pharès* de Nabuchodonosor, ou la sentence de mort de Sennachérib.

Il n'en est rien, grâce à Dieu ! L'Eternel protège la France. Il la soutient. Il la porte entre ses bras. Il veille jour et nuit sur elle, et, qu'elle le veuille ou non, voici qu'il l'approche avec amour des battements de son Divin Cœur !

Devant toutes les Nations assemblées autour d'elle, le Doigt du Tout-Puissant s'est montré, et du Stylet Eduen, du Palaos Logos, de la Raison de son Verbe, Il a marqué l'Exposition de 1900 de l'attestation incontestable de son amour envers la Fille aînée du Catholicisme, Gérante de toute la Chrétienté.

Il nous suffira d'indiquer les traces indélébiles auxquelles nous pouvons reconnaître son Stylet Eduen qui n'est autre que le Symbolisme ou l'Idée Maîtresse Edénique du *Palaos Logos,* pour déchiffrer entièrement l'heureuse

---

(1) Nous avons étudié les grandes lignes de ce système dans « *Paray à travers les âges* ». Les monuments du Val-d'Or en donnent le résumé très clair.

sentence inscrite sur l'œuvre la plus belle du xxᵉ siècle et la plus consolante peut-être des devises que jamais la Main Divine transmit au Genre Humain depuis les Décrets de l'Incarnation, de la Rédemption et de la Résurrection du Sauveur.

LE SYMBOLISME ÉDUEN

SES ARCANES INITIATEURS

Avant d'entrer en plein dans notre sujet, nous devons, pour ceux qui n'ont pu s'enquérir des Etudes sur la Glyptique (1) du Val-d'Or, résumer en quelques mots la question capitale du Symbolisme Eduen et de ses Arcanes Initiateurs.

Tout à l'ordre du jour, cette question qui semble nouvelle est au contraire ancienne comme le monde. On avait perdu ses traces originelles ; mais voici qu'à l'instar du Phénix, elles renaissent de leurs cendres.

Les voiles lugubres que les Temples antiques avaient posés entre cette question des questions et le monde profane, sont sur le point de tomber, ainsi que les multiples bandeaux serrés les

---

(1) Art de présenter les idées par des signes symboliques peints ou sculptés d'après un canon ou formulaire de règles. Règles qu'il est défendu d'enfreindre, sous peine d'être rejeté du sein de l'Ecole, du Temple spécial qui en a la garde et le secret d'initiation.

uns sur les autres qui nous empêchèrent longtemps de contempler les linéaments de cette
figure colossale de la Vérité Pure, momie religieuse et précieuse entre toutes, cachée à nos
regards par les siècles savants jaloux d'en conserver intacte, l'incomparable Beauté.

La Science et l'Art, lorsqu'ils touchaient au
Sublime, à l'Idéale perfection de l'âme et du
corps, ·sacrés par la Religion et la prêtrise,
avaient de ces pudeurs austères et de telles
jalousies, qu'ils enveloppaient d'une série in-
calculable de bandelettes, jusqu'aux objets du
culte les plus insignifiants, de ce corps et de
cette âme, voués à la garde de.la *Pure Vérité*.

Ne nous étonnons donc plus, pour arriver à
considérer les linéaments de la *Pure Vérité
Sacro Sainte,* dans son éternelle envergure,
qu'il faille, selon les Règles de tous les
Temples, passer par une série de probations et
d'épreuves échelonnées qu'on n'outrepasse point
sans avoir fait préalablement le serment de ne
pas *dévoiler la face de tel corps* ou *objet du
culte*, ou la raison de tel *énigme, mystère* ou
symbole.

Ne nous étonnons plus qu'après en avoir
deviné la raison d'être ou la cause essentielle,
il faille en plus, pour tout adepte, avoir soin,
sous faute de félonie, de recouvrir aussitôt
le corps ou l'objet ou l'autel ayant servi à faire
comprendre l'Arcane ou le secret surévident.

Comment, dès lors, pénétrer au cœur de cette question capitale, où tous ces objets marqués des signes et des symboles ont mis leur source toute mystérieuse et si bien cachée et voilée de Temple en Temple, de contrée en contrée.

La voici :

A force de comparaison et d'études sur ces matières, la filière en a apparu, partout la même et surgie de la même filiation traditionnelle.

De toutes parts alors ont été reproduites les *exactes images* sous lesquelles tous les Temples, quels qu'ils soient, ont figuré les secrets arcaniques ; et ces *images* ont donné la preuve indéniable de l'unité de tous ces secrets maintenus et gardés par les mêmes arcanes de la catholicité, pour tous les Temples et pour chacun des degrés qu'ils peuvent voiler ou dévoiler à leurs Initiés.

Or le corps et l'âme des secrets qu'ils détiennent, les voici, et ce sont les échelons par lesquels la Vérité Pure est plus ou moins accessible par voie d'origine : *légendaire*, ou *traditionnelle*, ou *historique*.

Tous les Temples, de quelque origine qu'ils soient, ont cela de commun, qu'ils donnent à deviner tout d'abord les secrets de la *Lumière*, puis les secrets de la *Vie* et enfin les secrets de la *Puissance*.

Toute Intelligence humaine commence en

effet par ces trois stades, à se connaître, à se conduire et à se gouverner selon ses aptitudes, ses penchants ou ses passions innées ou acquises.

La première des nécessités pour l'enfance jusqu'à l'âge de raison est de *voir clair*, de mesurer ses pas, ses gestes, ses actions, de prendre contact avec les objets extérieurs que ses mains, ses pieds, ses sensations peuvent atteindre ou sont forcés d'écarter : sans la Lumière il ne le pourrait d'aucune façon.

D'où, connaître la *Lumière*, savoir l'*utiliser* pour ses propres intérêts, et besoins devient *une raison majeure* de l'existence et de toutes les fonctions de l'Intelligence humaine.

La seconde des nécessités qui se développe chez l'être humain, surtout depuis l'âge de raison jusqu'à l'âge adulte, c'est de percer l'écorce des objets extérieurs pour en saisir la force, l'énergie, la valeur ou la poussée intérieure ; c'est de prendre contact avec le *monde invisible* qui influera plus ou moins sur sa carrière, sa course, sa destinée ou sa fortune.

C'est la vie des êtres qui l'environnent ou qui empêchent ou accélèrent sa raison d'arriver au but précis qu'il s'est choisi, qu'il désire posséder.

D'où connaître la *Vie*, savoir comment on peut la renforcer pour soi-même ou pour les autres devient la seconde *préoccupation ma-*

jeure de la Volonté Intelligente parvenue à sa maturité.

De l'âge adulte, jusqu'à l'âge d'homme perspicace et expérimenté, l'individu change tout d'un coup plus ou moins l'orientation de ses désirs vers une toute autre direction.

Il a senti des revers et des entraves ; il a constaté que marcher *tout seul* est difficile sur l'âpre sentier des destinées. Il a reconnu combien autour de lui accèdent à des franchises, à des prérogatives, à des honneurs, à des places de dignité que lui, *tout seul*, ne parviendra jamais à obtenir. Il se tourne aussitôt sur lui-même, *s'extériorise*, pour se demander quelle sera la *Puissance* qui pourra le mieux seconder ses convoitises ou ses efforts...

D'où connaître la *Puissance* qui le poussera le plus vite au poste de son choix devient, à l'âge en question, la visée totale du cœur, de l'intelligence et de l'âme.

Voilà pourquoi tous les Temples, quels qu'ils soient, n'ont que ces trois degrés préliminaires d'*Initiation*, d'*Epreuves* et d'*Arcanes*.

Ils ne se divisent que sur le mode d'interprétation plus ou moins droite et vraie, sur les moyens de dévoiler à leurs Initiés les fonctions effectives et normales de ces trois conditions, sur la *Lumière*, la *Vie* et la *Puissance* inhérentes au développement de la *Pensée*, du *Vouloir* et du *Savoir*.

Toutefois, il est certains Temples nommés *Majeurs*, qui concentrant de beaucoup plus vastes Intelligences, et remuant des sphères d'Idées beaucoup plus étendues, présentent à leurs adeptes l'appât d'une *Domination Suprême*, que les Temples *Mineurs* ne peuvent jamais offrir à leurs clients.

Ces Temples Majeurs sont ceux où l'Adepte ou l'Initié est invité à deviner et saisir les secrets de la *Domination Suprême*, savoir par quel moyen on peut capter telle sphère d'activité publique ou telle source de fortune mondiale, la canaliser adroitement ou sagement, de façon à la faire rentrer dans son propre domaine d'exploitation ou de rendement ; voilà ce que tout *Temple Majeur* est censé savoir et pouvoir maîtriser. Et ce devient dès lors le but de sa *Maistrance*.

Tous les *Temples Majeurs* ont pour but commun de donner la Maistrance de *Suprême Domination*, d'obtenir à leurs adeptes la *Maëstria* ou la Maîtrise du *Gouvernement Universel*. Ils ne se divisent que sur les moyens réels ou censés être meilleurs pour accéder à ce Suprême Gouvernement Idéal concernant les destinées de tout le Genre Humain.

Or, entre tous les *Temples Majeurs* du monde entier d'avant le Messie, quel est celui qui a possédé et gardé intact le trésor des secrets sacro-saints de la Maîtrise Universelle ? — A

moins de connaître la profondeur, la largeur et
la hauteur de ce *trésor des trésors*, le saurez-
vous ?

Non, assurément jamais ni à tout jamais vous
ne le devinerez si on ne vous dit où il gît, pro-
fondément enseveli et recouvert de tant de
bandelettes énigmatiques qu'il vous serait
impossible d'en délier le moindre nœud...

Eh bien ! le voici tout entier découvert depuis
peu, soit à Paray-le-Monial, son centre originel
d'exploitation *droiturière druidique*, c'est-à-dire
de Tradition et de Maistrance religieuse Adamique ; soit à Paris, son nœud principal d'action après Rome et son foyer de vrai rendement
Eduen, c'est-à-dire de loyauté et de franchises
civiles, et de grandes Maîtrises Politique et
Diplomatique issues de la fidélité au Pacte de
la Genèse Edénique.

Et c'est là tout le *Symbolisme Eduen*.

Lui seul donne l'énigme de ses *propres
Arcanes d'Initiation* qu'aucun autre *Temple
Majeur* ne sut garder à la hauteur de l'Idéal du
Gouvernement, selon les *Lois suprêmes finales*
telles que Dieu en révéla les secrets dès l'Eden,
pour tous les Temps et pour tous les Espaces.

Comme ces mêmes secrets sont du reste ceux
que la Genèse Mosaïque nous oblige en bons
catholiques à croire et à professer jusqu'à la
mort, il n'est nullement difficile pour nous,
chrétiens, d'en apprécier l'étendue et la valeur,

dès le moment où l'on nous montre les objets sacrés concernant ces secrets, les meilleurs du Symbolisme Druidico-Eduen, tels que les fouilles préhistoriques viennent de les découvrir.

Quatre secrets versant sur les quatre promesses primordiales de l'Eden, quatre échelons donnant accès aux conditions vitales du Pacte Adamique, quatre formules graphiques ou signes emblématiques à deviner, représentant le *Soleil*, la *Lune*, le *Serpent* et la *Coupe Edénique*, et vous êtes en pleine possession des *quatre Lois suprêmes finales.*

Vous entrevoyez dès lors la *Puissance Suprême* de tout bon Gouvernement, à condition toutefois de prêter foi et hommage aux symboles de l'*Isis*, la Vierge devant enfanter, et d'*Aor*, la Lumière suprême du Palaos Logos sous un cinquième signe, celui de la *Pomme Edénique.*

S'adapter à la fonction de ces quatre *Voies*, leur ouvrir une route large et aussi ample que possible, y faire précipiter l'Onction et les Grâces des Eaux jaillissantes de l'EMPYRÉE, les contenir, les maîtriser en un mot pour qu'elles fécondent les terres, les Corps et les Ames, les Sociétés, les Etats et les Empires, à leur insu, même contre leur propre gré, voilà l'accession au Domaine Eduen et le seul sacro saint régime universel que le Catholicisme et l'Eglise de Dieu ont de tout temps reconnu et bénit, partout où il a su faire jaillir de telles Eaux et de telles Faveurs.

C'est toute l'orthodoxie de l'Eglise primitive, de la Cité de Dieu d'avant le Déluge, et que les Antiques Sages nommaient le Palaos Logos.

Voilà ce que nous révèle à nouveau le Symbolisme Eduen.

Retenons bien la chose, elle est capitale. Par le Symbolisme Edénique elle va éclater tout entière, lumineuse, vitale, toute-puissante, de tout ce qu'on va voir et lire dans les lignes de l'Exposition Mondiale de 1900.

TOPOGRAPHIE

DU

PLAN PAR TERRE DE L'EXPOSITION

Prenez une vue générale de l'Exposition Universelle (de préférence la vue à vol d'oiseau, aquarelle d'Ernest Duval (journal « LA VIE ILLUSTRÉE », *Exposition* 1900, n° 86, prix 0 fr. 50 à Paris). Vous apercevez aussitôt que l'ensemble forme un A majuscule immense dont le jambage de gauche part des nouveaux Palais des Beaux-Arts situés en face de l'Elysée et va à travers la Seine aboutir aux *Invalides*.

L'autre jambage, celui de droite, partant du Trocadero, traverse la Seine et la Tour Eiffel pour aboutir à l'*Ecole Militaire*.

La boucle que dessine la Seine entre ces deux jambages représente la *liaison* entre les deux, développée comme *un ruban* qui aurait sa pointe située à la grande Porte Monumentale d'entrée donnant sur la Place de la Concorde.

Ainsi, la lettre A majuscule n'est pas tout à fait, ici, fermée.

En *acrologie*, chacun sait que la première de toutes les lettres est l'Initiale du mot *Chef*, Agneau, Roi ; ou des mots *Aor*, *Agni*, *Arus*, *Aréopagie*. Aor-Chef, Agni-Agneau, Roi des Arus, des Autels et des Aréopages, des Ecoles de la Sapience.

Une personne en ballon, planant sur la place de l'Alma, aurait la perspective exacte d'un *A* gothique orné ainsi : Comme deux sceptres se rejoignent à l'aide d'une flamme ou bannière dont les glands d'en bas seraient à la porte de l'Exposition.

Le graphisme total de l'Enceinte considérée comme vue d'en haut concorde avec la forme que comporte la structure d'un Hiéron *vu d'en haut* ou d'une cathédrale *vue de face*, car dans les deux cas, c'est la lettre *A* qui se développe.

La perspective faisant que la lettre couchée par terre du Hiéron, vue d'en haut, rapproche les deux jambages les plus lointains, tandis que la cathédrale vue de face porte les jambages formulés par les deux tours du portique tout à fait verticalement.

Mais si vous vous rapprochez du portique de la cathédrale lançant en l'air ses deux tours, vous les apercevez en forme de *A majuscule* non fermé par le haut.

Dans les deux cas votre œil n'aperçoit qu'une tête de *lance* dont la pointe est voilée ou noyée dans l'azur du Ciel ou de l'horizon.

Or, la pointe de lance émoussée, perdue dans l'azur de l'horizon ou du Ciel, exprime en langue sacrée l'Idée d'un Trait Divin, parti d'un javelot de l'*Empyrée*, et dont la pointe se serait enfoncée aux deux tiers dans la terre.

De sorte que, en langue sacrée hiératique, la graphique totale de l'Exposition de 1900 équivaut à l'énonciation de cette phrase :

Voici la pointe de lance du Ciel enfoncée aux deux tiers dans la terre de la Ville qui se dit connaître la Lumière.

Pour comprendre l'énoncé de cette phrase, il faut se rappeler que la terre de Paris où s'est plantée la susdite flèche est la Terre Sacrée ou l'Hypêthre de Parisis : qui veut dire l'Autel ou la *Pierre Sacrée d'Isis* ou de la *Lutèce Parisiorum*. (Traduisez : Lœtitia, joie de la Tribu, des *Pierres Isiatiques* ou *Lumière porte-flamme* des pierres du feu de la *Seine* ou *Cœn* qui en celte veut dire : *Eaux du sang versé* du *cœn*, du cœur d'*Esus* ou du Dieu Essus ou de Jésus-Hostie, comme nous le verrons plus loin, à l'occasion des *Mahls* ou festins religieux qui s'y tinrent autrefois.)

C'est sur ce même emplacement que furent donnés de tout temps, les fêtes populaires, les tournois, et les joutes d'adresse du Moyen-Age, les Revues et Triomphes des derniers temps.

Trois grandes artères le traversent en flèche,

enjambant la Seine par les trois ponts des *Invalides*, de l'*Alma* et d'*Iéna* dont les noms immortalisent toute l'épopée de Napoléon, tandis que les lignes transversales reliées par ces ponts sont dites : Quai d'Orsay et Cours la Reine.

De nouveau ces deux noms rappellent d'une part la *fonction Diplomatique* du royaume des Francs né de l'Orval, qui est de lier les Gouvernements par d'habiles contrats, et d'autre part, la fonction souveraine de la *Ruche des Gaules* consistant dans l'adresse d'une Reine à se choisir de bons partisans, ce qui fait que les deux fonctions dont les lignes côtoient ici les deux bords de *la Seine*, correspondent parfaitement aux deux *liens* du ruban qui réunissent, comme nous l'avons dit, les deux jambages de l'*A* ou de l'Alpha, ou de l'Alma, et concordent avec la nature des édifices et des palais et pavillons qui y ont leur place.

Pour quiconque· est averti qu'il s'agit ici d'une flèche lancée par un *céleste amour*, et pointée de l'*Empyrée*, qu'il faut considérer *symboliquement* comme fichée aux deux tiers par sa pointe sur le Tertre de la *Pierre sacrée*, de l'*Isis Parisiorum de l'Age d'Or*, il devient évident que la Reine dont il est ici question ne peut être qu'une allusion à la *Souveraine de l'Empyrée*, la Vierge Promise, *Immaculée* qui doit lancer la pleine Lumière de Paix et de

Concorde sur la Cité troublée par d'affreuses velléités de conflits et de discordes.

Nons avons déjà observé que la pointe du ruban reliant les deux jambes de l'*A* majuscule de la flèche, correspond à la *Porte Monumentale de l'Entrée* de toute l'Exposition qui se trouve à l'angle de la Place de la Concorde et précisément à l'entrée du Cours la Reine.

C'est donc cette Porte Monumentale que nous devons inspecter pour voir ce qu'elle repré-sente de Symbolisme Edénique Eduen avant de visiter tout le reste.

Mais auparavant, donnons un coup d'œil général à la Genèse graphique de l'Exposition considérée au point de vue des *classes diverses* qui y sont échelonnées à partir de cette Porte principale.

Coup d'œil général sur l'ordre dans lequel tout est classé.

« Dans la pensée des organisateurs, la classi-fication des objets exposés doit constituer l'un des éléments les plus essentiels du succès des Expositions Universelles ; c'est aussi l'une des parties les plus délicates de la tâche qui s'im-

pose aux organes de ces manifestations paci-
fiques.... »

« Il faut que les produits s'offrent aux visiteurs dans un ordre logique, que le classement
réponde à une conception simple, nette et précise; qu'il porte en lui-même sa philosophie et
sa justification, que l'Idée-Mère s'en dégage
sans peine... »

Ces deux phrases extraites du rapport de
M. Picard, commissaire général, définissent
heureusement le système adopté pour la clas-
sification des objets exposés en dix-huit groupes
comprenant un total de cent vingt et une
classes.

Il faut encore citer ce qui suit de l'admirable
rapport de M. Picard pour juger de la logique
ou plutôt de l'harmonie de cette organisation :

« En tête se placent l'*Education* et l'*Ensei-
gnement*. C'est par là que l'homme entre dans
la vie ; c'est aussi la source de tous les progrès.
Aussitôt après viennent les *œuvres d'art,*
œuvres du génie auxquelles doit être conservé
leur rang d'honneur.

« Des motifs du même ordre doivent faire
attribuer la troisième place aux Instruments et
procédés généraux des *Lettres*, des *Sciences* et
des *Arts*. Ensuite arrivent les *grands facteurs
de la production contemporaine*, les agents les
plus puissants de l'essor industriel à la fin du
XIXe siècle : Matériel et procédés généraux de la

mécanique, électricité, génie civil et *moyens de transport.*

« Puis on passe au travail et aux *produits superficiels ou souterrains de la terre :* Agriculture, Horticulture, Forêts, Chasse, Pêche, Cueillette, Aliments, Mines et Métallurgie.

« Plus loin se présente la *décoration et le mobilier des Edifices publics* et *des habitations.* les fils, tissus et vêtements, l'Industrie chimique et les Industries diverses...

« L'*Economie sociale* devait venir naturellement à la suite des diverses branches de la production artistique, agricole et industrielle. Elle en est la résultante en même temps que la philosophie... Nous y avons joint l'*Hygiène* qui sauvegarde la santé humaine, et l'*Assistance publique* qui vient au secours des deshérités de la Fortune...

« Un groupe nouveau a été réservé à l'œuvre morale et matérielle de la *Colonisation.* Sa création est amplement justifiée par le besoin d'expansion coloniale qu'éprouvent tous les peuples civilisés...

« Enfin la série se clôt par le groupe des *Armées de terre et de mer* dont la glorieuse mission consiste à garantir la sécurité et à défendre les biens acquis par les travaux de la Paix (1). »

(1) Voir le guide intitulé : *Paris Exposition 1900,* publié par la librairie Hachette, à la page 78 : — Organisation générale, — d'où ces textes ont été extraits.

Tel était le programme, tel il a été réalisé.

Cependant, bien que cette généalogie très logique et pratique se retrouve intacte dans les diverses sections d'objets exposés, elle ne coïncide pas, ni ne cadre, avec l'*ordre effectif* que nous présente le parcours *réel réalisé* de ce même plan. On a été forcé de transposer les groupes susdits, *selon un itinéraire idéal*, selon un *curriculum logique*, tout différent de l'exposé primitif de ce programme.

La forme en *flèche* assise sur les deux bords de la Seine obligea le Tout de l'Exposition à suivre un système coordonné selon les lois Ethniques, donnant à l'Intelligence humaine une bien plus grande netteté artistique, une précision beaucoup plus technique, une envergure physique et morale, rythmée d'après les règles de l'Harmonie Mondiale que les Sages de l'Antiquité connurent pour être les *secrets majeurs* de tous les firmaments, c'est-à-dire des *Lois suprêmes finales du Gouvernement de la Création*.

Ici nous allons le retrouver à nouveau, retracé exactement dans l'ordre logique, selon l'élucidation des *Arcanes* dont nous parlions plus haut.

L'ordonnance entière de ces *Règles antiques* forme pour ainsi dire le schema graphique des travaux de toute l'Exposition de 1900, de sorte qu'en commençant par la porte triomphale du

Cours la Reine où se dégage l'*Arcane de la Lumière*, nous passons immédiatement aux Décors publics des Edifices nationaux et privés rangés sur la ligne de *Vie* au premier jambage du grand *A* majuscule partant de l'Elysée aux Invalides, signe vous expliquant l'Arcane Eduen de la Vie nationale d'où nous communiquons avec la double ligne de l'Arcane du Val-d'Or, du Val-Halla, de la *Puissance Maîtresse Internationale* posée en bandeau, sur les deux bords de la Seine.

Par ce double lien, vous arrivez à la ligne du Trocadero-Champ-de-Mars, au deuxième jambage de l'*A* majuscule qui dégage l'Arcane de la *Domination suprême* dont vous pourrez lire les noms d'*Aor*, *Agni*, *Essus*, *Oannès* ou *Jehovah* écrits comme dans les *Livres sacrés* de tous les âges pour dire la FORCE DIVINE transmise à l'état de Lumière, vie, puissance ou chaleur à tous les éléments de civilisation et de progrès.

Nous rentrons ainsi, grâce à ce graphisme vu d'en haut, absolument dans les mêmes secrets de tous les Temples que nous livre la première page de la *Genèse Mosaïque*, prouvés cette fois à l'aide des monuments et des travaux, de l'Histoire de la Civilisation, et le tout concordant avec le système Eduen, tel qu'à l'Hôtel de Ville de Paray nous en avons résumé la Table synoptique.

C'est ainsi qu'en partant de la pure et saine

transmission des Points-Feux de la Légende du Feu du Val-d'Or Eduen, nous allons en retrouver les caractères agrandis à Paris, l'an 1900, comme étant la RÈGLE MONDIALE, la Norme universelle pour les progrès de tous les Temps.

La Porte monumentale à l'entrée du Cours la Reine.

Nous n'indiquerons, bien entendu, que les traits du symbolisme universel les plus saillants figurant à cette Porte.

La femme parisienne (lisez *Eduenne*) invite le monde entier à visiter les grands travaux de 1900. Elle donne l'entrée, du haut d'un plein cintre dentelé et orné, à l'orientale, d'un semis de boutons de roses et de lotus.

Elle est censé gouverner le vaisseau de la *Ville-Lumière* à la proue duquel est fixé l'*Aigle* de la Domination (lisez du Sacré-Cœur).

Le plein cintre de cette porte est en *fer à cheval*, signe de la joie universelle ou du porte-bonheur de l'Arc-en-Ciel ou de la Demi-Lune, signe potentiel de la *Vierge devant enfanter*, précisément le Verbe Dieu de Lumière, de Vie et de Puissance et l'Instructeur Propulseur et Médiateur Divin entre l'Empyrée et les travaux de tout le monde créé.

Au bas des deux piliers, dès que vous avez franchi cet *Arc de Victoire*, vous trouvez debout deux gigantesques Isis, l'Orientale gouvernant l'*Electricité Lumière*, et l'Occidentale préposée à l'Electricité *Force motrice*.

L'une et l'autre pressent entre leurs doigts la même fleur de lotus ou *fleur sacrée Edénique*; mais l'une à l'Orient en ferme les pétales, tandis que l'autre à l'Occident en ouvre les pistils, de sorte que, si l'une vous dit :

Je vais fermer l'Ere du XIXe siècle d'Œva, de l'Eve terrestre : Attention !...

L'autre vous dit :

Je vais ouvrir le XXe siècle de l'Empyrée de l'Eve céleste : prenez garde !...

Donc, à bon entendeur, salut !

Mais voici au troisième pilier la Porte dite Officielle. Elle n'est chargée que des écus de la chevalerie des croisades, du temps de Robert le Pieux à Saint Louis... Rappel solennel et parlant pour dire : N'oubliez pas que tout ce que vous allez voir, ô Nations ! c'est l'œuvre du Travail du *Pacte de Tolbiac*, car tous ces écus sont ici blasonnés parlants, uniquement pour la défense de ce grand Pacte.

Aussitôt après, ayant dépassé les guichets de droite où de gauche, la foule remarque deux statues équestres représentant l'homme et la femme d'une tribu sauvage accourus à la hâte et se penchant vers la Porte officielle de Tolbiac ou des Croisades comme dans l'attente d'un événement prodigieux.

Quelques pas plus loin, un groupe en bronze décrivant la fuite en masse des esprits de Ténèbres devant l'épée flamboyante de Klingsor, le chevalier du Per Eduen que chantent les Niebelungen d'après le poème du Saint-Graal.

Poursuivons notre marche à travers les jardins et les bosquets. De-ci de-là, des statues arrêtent nos regards. C'est, à droite, l'homme penché qui tombe en avant comme ébloui par un faisceau de *Lumière* trop ardente.

A gauche c'est une femme qui vient de tirer sur le *Phénix*, image encore de la Légende éblouissante du *Feu-sacré* dont l'humanité cherche à s'emparer.

Et ainsi de suite jusqu'à ce que nous arrivions à la grande artère de Nicolas II.

Cette avenue que nous allons parcourir va nous dire les secrets de l'Arcane de la Vie Nationale de la France issue du Pacte de Tolbiac. Lisons simplement la raison des Edifices qui s'y rencontrent.

L'artère allant de l'Elysée aux Invalides.

Les Edifices somptuaires des *Beaux-Arts* et de l'*Art rétrospectif* appellent tout d'abord nos regards, car c'est par la conception du Beau, du Vrai Idéal que toute conception humaine franchit, par la Lumière de ses chefs-d'œuvre, les Etapes qui doivent l'amener à l'Intuition de la splendeur de la Vie Nationale.

Nous ne nous arrêterons pas aux détails des *deux Palais* ; franchissons le Pont Alexandre III, orné des quatre statues de la France *Merovingienne*, Carlovingienne, Impériale et Républicaine posées au bas des pilones surmontés des *quatre Pégases Eduens* menés par les quatre Renommées Eduennes.

Les lions, domptés par les génies, au bas des pilones, et couverts des quatre genres de fleurs symboliques de la République des Arts (la rose), des Lettres (le lys), des Sciences (le lotus), et de la Parole (la pensée), attestent ici qu'aux quatre âges de la France, de Tolbiac jusqu'à l'ère de 1900, les génies et les renommées n'ont fait que dompter les quatre lions, c'est-à-dire les forces géniales des quatre hémisphères.

Cela a eu lieu par le *Bardisme* et les *Epopées Eduennes* qui ont fait de la terre gauloise le

Castel imprenable du Très-Haut, la Forteresse des Promesses Edéniques.

Nous poursuivons l'*Esplanade des Invalides.*

A gauche nous voyons tout ce qui concerne l'ameublement des Edifices publics et nationaux.

C'est aussi le luxe de l'Industrie Française, c'est-à-dire qu'après que l'Idéal nous a été montré dans les deux palais des *Beaux-Arts* et des *Arts rétrospectifs*, et que vous avez franchi l'étape du Pont Alexandre III qui représente la *Franchise de Vie*, selon les Epopées Eduennes, la Nation française accuse inévitablement ses *richesses prépondérantes.*

Celles-ci, à leur tour, vont faire le *Centre d'Appel* et de *Conquêtes* pour les autres Nations qui tenteront de rivaliser avec elle, ou d'emporter la Palme sur son luxe et son industrie.

Les produits de luxe *des Nations étrangères* s'étalent pour cela, sur toute l'aile droite de cette Esplanade, mais ne commencent toutefois qu'après le *Palais de la Céramique*, dont le portique est dallé par l'Usine céramique de Paray.

Pour ceux qui savent que la céramique du Val d'Or a de tout temps primé toutes les autres industries similaires, et que c'est précisément par cette industrie charollaise que toutes les autres industries des Nations étrangères sont entrées en contact avec la Nation des Gaules Edues et françaises, il y a là de quoi réfléchir pour en comprendre la haute Raison.

C'est par la poterie que toute industrie a commencé. L'art de façonner la terre glaise donne le rang primordial industriel dans la lice du luxe international. C'est au Val-d'Or qu'est sise cette priorité effective, et c'est par son Industrie potière, datant des premiers âges, que cet art céramique Eduen a mis en contact de commerce et de réciprocité de bonnes relations, la *Vie Nationale* de la France avec la *Vie Nationale* de toutes les autres nations.

L'artère transversale des Invalides au Champ de Mars, dite : La rue des Nations.

C'est, comme on l'a dit : *Cosmopolis*, la Ville Universelle dont les édifices empruntent à chacun des pays qu'ils représentent sa physionomie locale.

Etudions-les tout d'abord à ce seul point de vue de leur forme d'habitacle et nous apercevons aussitôt que chacun de ces *pavillons na-*

tionaux reproduit la forme de l'*Eglise-Mère* ou du *Temple-Palais* présidant à ses destinées selon le *Pacte* que chacune de ces Puissances soutient et maintient par l'Autel et par le glaive.

C'est l'organisme de concert du Saint Empire de l'Agneau, car l'Italie vient ici en tête avec sa Basilique de Saint-Marc.

La Turquie y vient ensuite (sans doute à cause du *Pacte d'Abraham*), avec la coupe structurale de Sainte-Sophie.

Puis les Etats-Unis profilant l'aspect des Thermopyles surmontés de la calotte de Saint-Pierre de Rome.

L'Autriche y montre son Palais de Schœnbrun voué à la Vierge.

Toutes les autres Puissances y viennent chacune avec son *Temple-Palais*, son *Eglise-Mère* ou son simple *clocher de village*.

Après la passerelle du pont de l'Alma, vient le Mexique ; puis nous voyons les sections d'*hygiène* aboutissant aux armées de *terre et de mer*, au *Pavillon Schneider* et au *Palais de la Navigation*, d'où cette ligne finit au *Pavillon des Forêts, Chasse et Pêche*.

Cette disposition correspond strictement à l'Organisme *Amphyctionique* des Anciens, le Sensorium de l'Art stratégique Eduen.

L'art sacré des Amphyctionies consistait, effectivement, sous le commandement Diplomatique des *Penthierns* ou chefs d'armées des confédérations ralliées à l'Edénisme, à s'étendre, à s'établir sur tous les points stratégiques du monde, sur les fleuves principaux des continents, pour de là lancer leur *matériel d'hygiène* intercontinental ou de guerre ou de navigation, pour finir par *percer les Forêts*, y aménager des *stations pour la Chasse et la Pêche*.

Bref, si vous ignorez plus ou moins la place qu'occupait dans le monde anté et post diluvien le concert des *Amphyctionies Eduennes*, les postes stratégiques de leur action combinée, la *rue des Nations* peut vous donner une *image en raccourci*, une idée de leurs savantes dispositions.

Ici encore le Val-d'Or est représenté au centre même de la ligne des stratèges, par le *Pavillon Schneider*, comme l'*Usine du Fer et de l'Acier* par lesquels on dompte le mieux les obstacles et affirme la paix entre les races étrangères et les amène à apprécier les bienfaits de la vraie civilisation.

L'artère transversale, dite : La rue de Paris, allant de la place de la Concorde au Trocadéro.

Nous avons dit la signification de la partie qui longe l'autre bord de la Seine sous le nom de *rue des Nations*.

Là c'était l'organisme du *Concert Européen*, tel qu'on cherche à l'établir selon les règles de la dernière conférence de la paix à la Haye ; mais c'était aussi le rappel à l'*antique sensorium amphyctionique du Val-d'Or*.

Ici la rue de Paris va nous donner l'image des *Aréopagies* ou *Ecoles de Sapience Eduennes*.

Nous commençons au pied du pont Alexandre par le Palais de la Ville de Paris. Inutile de vous en décrire les détails : C'est une vue d'ensemble sur les travaux des Ediles pour l'*assainissement de la Ville*, l'*Instruction populaire*, l'*Assistance publique*, et les soins à donner pour l'*embellissement* de la vieille Cité. C'est là encore le programme des *Aréopagies antiques*, et la Cité mondiale, *Civitas Dei*, doit donner l'exemple à toutes les autres cités, villes et villages, d'une perfection sans pareille pour le progrès des services publics y attenant.

C'est pourquoi nous voyons aussitôt le Palais de l'*Horticulture* française et étrangère.

L'embellissement d'une Cité commence par la profusion de ses plantes, de ses fleurs et de ses fruits ; mais pour que cette Cité devienne la capitale de la Pensée Mondiale, il faut que la Parole, l'Eloquence et l'Action sociale viennent aussi y planter leurs produits pour que de là leur expansion ait lieu jusqu'aux extrémités du globe.

Le Palais de la Conférence, des Congrès et du *Musée social* répond à cette nécessité. Mais comme il faut aussi des distractions pour attirer les foules dans cette cité, nécessairement aussi la *rue de Paris* présente, intercalés entre ces trois édifices d'Utilité Mondiale, d'autres endroits, où l'on s'amuse comme au Palais de la Danse, à la Maison du Rire, au Château à l'envers, au Théâtre Guignol, etc...

Passons ces futilités et nous aboutissons au *Vieux Paris.* Cette reconstitution est réussie, surtout au point de vue symbolique des anciennes coutumes médiovales, et des *franchises acquises* des meilleurs temps chrétiens.

C'est au *Règne Social de l'Agneau* que Paris, le Vieux comme le Moderne, doit son titre historique de *Ville-Lumière.*

La ligne du Cours la Reine partant de la Porte Monumentale dont nous avons vu le symbolisme parlant d'Isis, de l'*Electricité Lumière* et de l'*Electricité motrice,* finit ici par dire le dernier mot de l'Arcane de l'Aréopage :

Cité de Lumière, la lumière s'y propage à l'aide de la *parole,* du *geste* et de l'*action,* les trois se combinant avec la Raison du *Verbe Edénique* ou Palaos Logos. C'est ainsi que du Vieux Paris, siège aréopagique édénique éduen d'où partit le germe de *Vie* lancé du Val-d'Or, a surgi le Paris de 1900, Cité de la Conférence et du Concert des Cités se gouvernant d'après les *franchises* acquises, les meilleures de la Cité de l'Agneau Roi, et qui en histoire s'appellent : les Capitulaires de saint Louis ; — résultat social et démocratique des *antiques coutumes civiques Eduennes* dont la haute maintenance traditionnelle et orthodoxe eut pour Norme ou Règle Economique, la seule et génuine *Norme Eduenne du Val-d'Or.*

Nous constatons donc que les deux liens principaux du Saint Empire et de la Chrétienté (l'*Amphyctionique* et l'*Aréopagique,* qui raccordent la Nation Française au monde étranger dépourvu de la *Norme du Val-d'Or*), sont parfaitement et logiquement *visibles* au bas et en haut du ruban que forme la Seine (l'antique Cenn ou sang vital) à partir du pont Alexandre jusqu'au pont d'Iéna.

Le Trocadéro et le Champ de Mars.

Nous voici arrivés au deuxième jambage de l'*A* majuscule sur la ligne duquel nous avons dit que l'on trouvera la connaissance de l'Arcane du *Pouvoir suprême* ou de la Suprême Domination.

La chose est facile à comprendre si l'on considère qu'autour du Trocadéro se rangent tous les édifices des *Colonies Françaises et étrangères.*

Le Trocadéro contient au premier étage les collections archéologiques des moulages pris des meilleurs *édifices religieux chrétiens*, et au deuxième étage, le Musée Ethnographique où sont groupés les moulages et reproductions des édifices religieux des *pays transatlantiques* et d'*Outre-Mer*.

Nous avons là, comme en une récapitulation globale, les signes cryptographiques, épigraphiques, arcaniques de tous les temps principaux du Monde chrétien anté et post messianique.

Or, si nous y prenons garde, tous les édifices y attenant à gauche, tant de l'*Asie Russe* que de la *Chine*, du *Japon* ou du *Transwal* ou de l'*Algerie*, des missions *Portugaises*, des *Indes Anglaises* et de l'*Egypte*, vous donneront exactement le périple par lequel les signes glyptiques Edéniques ont été transmis de la Gaule de l'*Age d'Or*, à tous les Temples-Palais de l'Extrême-Orient, tandis que si vous parcourez les Colonies, sur votre droite vous voyez la *Nouvelle-Calédonie*, le *Cambodge*, l'*Indo-Chine*, le *Tonkin*, la *Guyane*, la *Martinique*, les *Iles de la Réunion*, ou la *Guinée*, la *Côte-d'Ivoire*, le *Dahomey*, le *Sénégal* et le *Soudan*, se terminant à l'*Andalousie*, c'est-à-dire à l'*Espagne antique* qui fut précisément la conductrice Ibérienne des signes correspondants jusqu'à l'Extrême-Occident et qui, *Espagne moderne*, découvrit à nouveau ces mêmes parages que sa race avait fécondés et dirigés dans le monde patriarcal antédiluvien.

Le monde colonial et la direction de ses signes ménagés soit à l'Orient par la race Celtique gauloise jusqu'à ses derniers confins, soit à l'Occident par la race Ibère espagnole jusqu'aux dernières limites du globe, nous devient ainsi *visible* et l'on comprend d'emblée que la *Norme du Val-d'Or* qui conserva si magistralement à couvert et sous le sceau du silence et du secret les signes potentiels, doive surgir de l'emblématique patriarcale Eduenne découlant des quatre signes de la *Promesse Edénique*, ayant pu traverser tous les âges et accoster tous les rivages sans pouvoir rien perdre de son efficacité.

La ligne se poursuit par le pont d'Iéna.

Il suffit ici de transposer à la place de l'*e*, la voyelle *o* pour en découvrir la raison... d'*Iona*.

L'Iona fut l'un des mystères Eduens du Val-d'Or les plus fameux et les plus cachés au monde profane. Les *Temples Majeurs* de la Terre Gauloise en eurent une stricte notion.

L'*Iona* était la *colombe sacrée*, messagère de la bonne nouvelle du *Val-d'Or* ou du Val-Halla (*val des combattants pour Dieu (Allah).*

Les lâchers de pigeons y sont connus de tout temps ; sous l'aile de ces sveltes coursiers, les stratèges savaient où et comment lancer leurs télégrammes.

Ici, aux piles de ce pont d'*Iona*, ne voyez-vous pas, — estafettes des *Celtes.* —des *Cimbres*, des *Teutons*, des *Vascons* et des *Angles*, attendant aûprès de leurs chevaux que le pigeon ou la colombe de l'*Iona* leur arrive pour leur transmettre leurs télégrammes.

La ligne arrivant sur le Champ de Mars, environnant la Tour Eiffel, ce gigantesque obélisque 'de fer, vous' avez comme un tableau synoptique en raccourci de ce que le Télégraphe aérien de l'Iona a transmis au globe, pour parfaire le *Tour du Monde*, ou perfectionner le *costume* ou l'instinct des *voyages lointains*, le *Maréorama*, le Palais de la *Femme*, l'*Optique*, rangés dans l'ordre où la curiosité excite les appétits naturels de l'homme à agrandir son domaine d'expériences et de calculs.

Ce n'est qu'à partir de ce moment-là que les *Sciences*, les *Lettres* et le *Génie civil* (que vous trouvez sur votre droite) prennent l'essor formidable d'aujourd'hui, en proportion parallèle des progrès des *Usines*, des *Fils* et *Tissus* et de la *Métallurgie* que nous trouvons sur notre gauche.

A ces sections, suivent celles du *Transport* et des *Industries-chimiques*, à droite, se développant en proportion de l'*Art mécanique* à gauche...

Ces deux dernières sections aboutissent aux compartiments de *chauffe* ou des *chaudières*, qui donnent accès au Temple de l'ELECTRICITÉ.

Ici se trouvent les *facteurs nouveaux* de l'*Electricité Lumière* et de l'*Electricité motrice* qui nous avaient été annoncés à la Porte Monumentale de toute l'Exposition de 1900.

Devant ce véritable *Clou des clous*, se déroule le *Château d'Eau*, car de fait, de l'*Electricité motrice* on peut faire dégager de l'*Eau* d'un grand brasier de chauffe ; tandis que si on y lance un courant d'*Electricité Lumière*, les *Fontaines Lumineuses* apparaissent, aspect féerique, approchant de celui des *Eaux supérieures* dites *Ether* par les anciens.

En arrière nous voyons l'*Agriculture* et les *Aliments*, section française et sections étrangères réunies par la grande salle des Fêtes.

N'est-ce point l'Apothéose de la même *Force unique vibratoire incréée*, que les antiques de la Bible nomment l'AOR, expliqué visiblement ici comme le *Point-feu* protégénésiaque, lumineux, calorique et vital, produisant à son gré soit la TERRE, l'EAU, l'AIR et le FEU, avec tous leurs produits ; soit maîtrisant les CIEUX, l'HUMANITÉ, l'ESPACE et le TEMPS avec toutes leurs actions, d'après la *Loi du Verbe* ou *Raison Mère*, du *Palaos Logos*.

C'est exactement aussi ce que disent depuis longtemps, d'après la *Norme du Val-d'Or*, les inscriptions emblématiques du Hiéron de Paray.

Maintenant, c'est Paris, la Ville-Lumière qui peut aussi l'attester, et comprendre enfin, à l'aube du XXe siècle, pourquoi il est dit que l'Agneau Divin (dont l'Aor est l'agent de force Cosmique) *éclairera la Cité Sainte du Ciel.*

Et erit lucerna ejus AGNUS.

(Apoc., XXI, 23.)

CONCLUSION

Notre tâche est finie, pour cette fois...

Parcourant les cycles de *Paray à travers les âges*, ce petit Guide-Rapide vous a initiés aux grands *secrets épigraphiques du Val-d'Or* et vous devait une visite aux collections savantes du Hiéron de Paray.

Contraint d'être bref, il ne vous a donné qu'une fugitive entrevue des tableaux du Musée Eucharistique ; cependant, pour que vous ne puissiez sortir *hésitants* ou *troublés* par la Méthode Nouvelle d'Instruction qui s'y déroule, il fallait vous prouver que la *Norme Edénique Eduenne du Val-d'Or* qui y est affichée est la Règle Mondiale de tous les Espaces et de tous les Temps.

En vous prouvant que cette *Norme* est lisible jusqu'en plein Paris, l'an 1900, au milieu des Fastes de l'Exposition Universelle, il semble que c'est la preuve scientifique la plus certaine que le Hiéron ne vous trompe pas sur la solidité des *règles finales* du gouvernement Ethnarchique de l'Agneau-Hostie-Roi.

16

Les experts savent que, lorsqu'une momie antique de grande importance vient d'être extraite d'une hypogée royale ou impériale, l'on a soin de défaire tout d'abord les bandelettes qui en cachent le visage.

Sur la bouche et d'entre les dents du précieux squelette, on retire alors un scarabée sur lequel est représenté l'*Hommage à Ammon*, de telle ou telle dynastie.

Pour savoir de quelle divinité et de quel temps le personnage reçut l'*Initiation*, il suffit de dégager, sur la région du cœur, les bandelettes de la momie.

Là se trouve un *sceau*, une *pierre sculptée* ou *entaillée* dont les emblèmes suffisent pour vous dire à quelle divinité et de quel temps le personnage reçut la *consécration*, la *charge* et la *dignité* auxquelles il parvint pendant sa vie terrestre.

Le Monde, l'Univers et le Cosmos sont des Temples d'où l'on peut retirer des momies d'une extrême importance, vouées, consacrées, initiées de diverses façons.

Ces *momies* ne peuvent nous dire d'où elles viennent, ce qu'elles firent, ce qu'elles virent, ni ce qu'elles ont opéré ; mais voici que des experts en délient les bandages.

Sur la bouche de tous les âges ils découvrent le scarabée de l'*Hommage à l'Aor, le Feu suprême d'Ammon Râ* (ce qui veut dire : Ra, le

Chef, la Tête d'Ammon, du Dieu Premier des Mondes).

Puis, sur le *cœur* de toutes ces momies vouées à l'Aor, ils vous montrent inscrit le *sceau*, la *pierre sculptée* ou *entaillée* qui vous en atteste la *consécration*, la *dignité* ou la *charge* au *service lige de l'Agneau*.

Il existe une momie que jusqu'ici personne n'avait osé interroger : c'est la momie de l'Orthodoxie de l'Eglise Primitive, de la Cité de Dieu Universelle d'avant le Déluge, que les anciens Patriarches, les Prophètes et tous les *Temples Majeurs* comme tous les Sages anciens, connurent sous le nom de *Palaos Logos*.

Grâce à l'Exposition de 1900, cette vénérable Gardienne de tous les trésors accumulés à travers tous les temps jusqu'à notre époque nous a enfin découvert et mis à jour ce que nous désirions savoir :

La *Consécration au Sacré-Cœur*, *l'Hommage à l'Hostie Lumière*, *Vie*, *Puissance*, *et Puissance maîtresse de tous les Mondes*.

Voilà ce que porte le scarabée, ce que vous venez de voir écrit sur la bouche et le cœur de de la *Seine cenn* du SANG VITAL de cette momie, du *Palaos Logos* ou Raison Première et Dernière de tout ce qui existe partout

LISTE DES PUBLICATIONS ET DES OUVRAGES

ÉDITÉS PAR

L'INSTITUT DES FASTES EUCHARISTIQUES

I. — *Revues publiées par le Centre des Fastes Eucharistiques, à Paray :*

1. **Le Règne de Jésus-Christ** (Collection doctrinale), publié de 1883 à 1888 ; six volumes in-4°, illustrés d'environ 160 monuments inédits et de plusieurs cartes sur les miracles eucharistiques...................................... 30 fr.

2. **L'Institut des Fastes** (Collection historique), publié de 1889 à 1894 ; six volumes in-4°, avec cartes des hommages.. 30 fr.

3. **Le Novissimum Organon** (Collection scientifique), publié de 1895 à 1900 ; six volumes in-4°, avec de nombreuses figures glyptiques.................................... 30 fr.

NOTA. — Ces prix réduits sont pour *les trois Collections prises ensemble,* à Paray. L'emballage et les frais de port restent à la charge de l'acheteur. Chacune de ces Collections prise séparément coûte 40 francs.

A partir de 1900, le *Hiéron* publiera une nouvelle Revue, **le Politicon** (Collection diplomatique), par livraisons trimestrielles de 45 pages in-4°. Le prix de l'abonnement annuel est fixé à 5 francs

II. — *Ouvrages édités par le Siège italien des Fastes Eucharistiques, à Turin, 29, via Barbaroux :*

4. **Missale Romanum,** *cura et sumptibus Societatis a Fastis Eucharisticis,* paru en 1894.

5. **Il Regno,** revue publiée de 1885 à 1890, sous la direction du R. P. Sanna-Solaro, s. j.

6. **Storia della divozione al Cuore di Gesù**, par le R. P.
Sanna-Solaro, s. j.

7. **Ommaggio Universale**, par le R. P. Sanna-Solaro, s. j.

III. — *Ouvrages que l'on peut consulter à la Bibliothèque du Musée Eucharistique, à Paray :*

8. **La Société des Fastes**, *son programme et son organisation*, par le R. P. Joseph Cretin, s. j. ; brochure in-12, 1894.

9. **La Fédération internationale du Sacré-Cœur**, revue mensuelle, publiée de 1890 à 1892, sous la direction du R. P. A. Delaporte, missionnaire du Sacré-Cœur; 3 tomes en 1 vol. in-8°.

10. **L'Œuvre des Enquêtes sociales et scientifiques au Hiéron de Paray** (Union parodienne et protographie comparée), sous la direction du R. P. Joseph Cretin, s. j. ; brochure in-4°, 1895.

11. **Le Hiéron**, *Siège central de l'Institut des Fastes, Explications sommaires*, par le R. P. Joseph Zelle, s. j. ; brochure in-12, 1895.

12. **Les Temples-Palais de la Chrétienté**, *dans leurs rapports avec les Législations sacrificielles*, par le Cte Etienne d'Alcantara ; brochure in-4°, 1897.

IV. — *Volumes et Brochures en vente au Hiéron de Paray :*

13. **Album illustré de Paray-le-Monial**, par le R. P. Joseph Zelle, s. j. ; nouvelle édition, 1900 .... 0 fr. 25

14. **Guide-Rapide au Val-d'Or Eduen**, 1re Série : *sur Paray, le Hiéron et l'Exposition de Paris 1900*, par Jean Lépine-Authelain ; 1re édition, 1900 .... 0 fr. 50

15. **Le Hiéron du Val-d'Or**, *élevé en hommage à Jésus-Hostie-Roi*, par Félix de Rosnay ; 1re édition, 1900 .... 1 fr.

16. **Le Chrisme, les Lys et le Symbolisme à Paray**, par Félix de Rosnay ; 1re édition, 1900 .... 0 fr. 25

17. **La vraie Histoire de France,** *dédiée aux Mères chré-tiennes,* par MM. DE MARICOURT et DE LA MORLIÈRE ; 5 petites brochures, en vente aussi chez M. Paillart, à Abbeville ; 5ᵉ édition, *la brochure*.............................. 0 fr. 10

18. **Le Règne social de Jésus-Christ-Hostie,** publié de 1886 à 1888, sous la direction de M. Alexis DE SARACHAGA ; 3 tomes in-8°, avec des cartes stratégiques des principaux miracles eucharistiques. Les volumes ne se vendent pas séparément.. 3 fr.

19. **Catalogue général des Miracles Eucharistiques,** *pour l'explication de la puissance thaumaturgique de l'Agneau,* in-4° paru en 1886.............................. 3 fr.

V. — *Ouvrage édité par l'Institut scientifique du Sacré-Cœur :*

20. **Failles et Géogénie,** avec une grande carte coloriée des failles du Nivernais, par F. LEFORT ; in-4°, 1896, en vente chez l'Auteur, à Clermont-Ferrand, 3, rue Sᵗ-Benoît.. 20 fr.

TABLE DES MATIÈRES

Paray à travers les âges.

Paray à travers les âges   5
L'incendie des Gaules   7
Les Celtes-Gaulois. — Leurs migrations   13
Passage du druidisme au catholicisme   19
Les grandes Divisions du temps ou les quatre
    Cycles pré-messianiques.   24
Les Cycles post-messianiques. — Premier Cycle.   27
Deuxième Cycle post-messianique   31
Archéologie de Paray. — L'Hôtel de Ville . . .   39
La Basilique de Paray.   46
Le Sanctuaire de la Visitation   54
Le Hiéron   61
Epilogue   67

Musée Eucharistique.

INTRODUCTION   73
Vestibule.   75
Première Salle. — Règne intellectuel du Christ-
    Hostie. — Salle des Docteurs.   79
Deuxième Salle. — Règne thaumaturgique social
    de Notre-Seigneur Jésus-Christ. — Salle des
    Miracles.   99
Troisième Salle. — Salle des Pactes   115
Quatrième Salle. — Salle des Hommages . . .   129

Le Palaos Logos à l'Exposition

AVANT-PROPOS   141
Le Symbolisme Eduen. — Ses Arcanes initiateurs.   147
Topographie du Plan par terre de l'Exposition. .   156
Coup d'œil général sur l'ordre dans lequel tout
     est classé   160
La Porte monumentale à l'entrée du Cours la
     Reine   165
L'artère allant de l'Elysée aux Invalides   168
L'artère transversale des Invalides au Champ de
     Mars, dite: La rue des Nations   170
L'artère transversale, dite : La rue de Paris,
     allant de la place de la Concorde au Trocadéro.   173
Le Trocadéro et le Champ de Mars.   176
CONCLUSION   181

LISTE des Publications et des Ouvrages édités par
     l'Institut des Fastes Eucharistiques.   185